Language Testing and Assessment

语言测试与评价

主编：何莲珍

2024
第二辑
（总第五辑）

外语教学与研究出版社
FOREIGN LANGUAGE TEACHING AND RESEARCH PRESS
北京 BEIJING

图书在版编目（CIP）数据

语言测试与评价. 2024. 第二辑：总第五辑 / 何莲珍主编. —— 北京：外语教学与研究出版社，2025. 3. —— ISBN 978-7-5213-6136-0

I. H319

中国国家版本馆 CIP 数据核字第 2025863YH3 号

语言测试与评价 2024 第二辑（总第五辑）

YUYAN CESHI YU PINGJIA 2024 DI-ER JI (ZONG DI-WU JI)

出 版 人	王 芳
责任编辑	王晓涵
责任校对	于 澄
封面设计	李 研
出版发行	外语教学与研究出版社
社 址	北京市西三环北路 19 号（100089）
网 址	https://www.fltrp.com
印 刷	北京盛通印刷股份有限公司
开 本	787×1092 1/16
印 张	7.75
字 数	155 千字
版 次	2025 年 3 月第 1 版
印 次	2025 年 3 月第 1 次印刷
书 号	ISBN 978-7-5213-6136-0
定 价	45.00 元

如有图书采购需求，图书内容或印刷装订等问题，侵权、盗版书籍等线索，请拨打以下电话或关注官方服务号：
客服电话：400 898 7008
官方服务号：微信搜索并关注公众号"外研社官方服务号"
外研社购书网址：https://fltrp.tmall.com

物料号：361360001

记载人类文明
沟通世界文化
www.fltrp.com

目 录

CONTENTS

In Focus

Test Development and Research

Assessment, Teaching and Learning

Conference Summary

文本自动评分算法建构研究综述 *

马鸿　刘可怡

浙江大学

提要： 近年来，文本自动评分作为一种人工智能形式，在语言教学、测评研究中的关注度逐渐上升。本文从特征提取、模型建构和模型检验三个方面，对应用语言学领域英语写作能力自动评分研究进行梳理。第一，特征提取依托自然语言处理技术，将写作能力的重要构念量化，为自动评分的模型建构奠定数据基础。同时，自动评分模型能够筛选出预测文本质量的语言特征，为写作教学提供参考。第二，模型建构的方法逐渐从传统统计算法过渡到机器学习算法，再到大语言模型微调技术。然而，目前大语言模型缺乏透明度，难以聚焦预测文本质量的重要特征，直接对比大语言模型和其他算法在文本评估方面预测准确度的经验证据仍然不足。此外，模型建构的因变量——文本质量的评价标准也逐渐拓展，包括了内部评估、标准化测试和语言能力框架。第三，在模型检验方面，研究者逐渐认识到以人机一致性为唯一检测标准的局限性，并提出和延伸了自动评分效度验证框架。

关键词： 自动评分；大语言模型；特征提取；模型建构；模型检验

1. 引言

　　提升学生的写作能力是教育系统的重要目标之一。然而，写作教学中的评分与反馈往往耗费大量时间。为减轻人工批阅的负担，自 1966 年 Ellis Page 开发出第一个自动评分软件 Project Essay Grade 以来，写作自动评分的相关研究逐渐展开，成为多学科研究的热点。自动评分模型的建构以文本特征的量化指标为自变量，以人工评阅分数为因变量，通过统计方法（如多元线性回归）进行建模。近年来，自然语言处理技术的不断发展为自动评分模型的建构提供了重要的数据基础。目前，自动评分模型主要针对独立写作任务，并以标准化测试成绩作为模型训练中文本质量的主要评价标准，从而使模型具有较高的普遍适用性。例如，Guo et al.(2013)使用了 TOEFL iBT 考试的五级评分标准为托福独立写作任务建构了自动评分模型。而 McNamara et al.(2015)则依据 SAT 考试作文部分

* 本研究系国家社会科学基金一般项目"基于机器学习对标《量表》的中国英语学习者写作能力发展研究"（项目编号：23BYY153）的阶段性成果。

的六级整体评分标准，对美国三个级别（九年级、十一年级、大学一年级）学生产出的议论文进行建模。但是，由于各研究中训练模型采用的标准化测试不同，模型之间的分数转换存在一定难度。为进一步拓展自动评分模型的适用性，近年来相关研究开始采用语言能力框架（主要是《欧洲语言共同参考框架》，即 CEFR）作为训练自动评分模型的评价标准（如 Ma et al. 2023）。同时，有些研究者将自动评分模型进一步细化，对不同的作文话题分别建模（Latifi & Gierl 2021），这些话题涵盖了议论文、说明文、记叙文等不同文体。除此之外，少数研究着力于建构评价综合写作能力的自动评分模型。例如，Guo et al.（2013）为一次托福考试中的综合写作任务建构了自动评分模型。尽管作文自动评分模型所依据的评价标准各异，所针对的写作任务、文本题材和文本题目也不尽相同，但这些模型的建构过程基本都包括特征提取、模型建构和模型检验三个步骤。本文将从这三个方面对作文自动评分模型建构研究进行系统梳理。

2. 特征提取

文本特征自动提取是写作评估模型建构的核心步骤，涉及自然语言处理。与近年来计算机科学领域基于不具备语言学意义的文本特征进行建模不同，语言学角度的相关研究强调提取具有语言学意义的文本特征，从而使模型更具解释性，对写作教学更具指导意义。早期评估模型过度依赖较低水平的文本特征（如标点、语法、拼写等），导致反馈信息对写作能力的提升作用甚微（Graham & Perin 2007）。随着研究的深入，研究者逐渐关注较深层次的文本特征（主要包括句法复杂度、词汇复杂度、文本连贯性等），并开发了多种能够自动提取和评估这类文本特征的文本分析工具，为语言学领域大量文本自动评分研究奠定了基础。表1总结了不同文本特征的主要量化分析工具。

表1　语言特征及文本自动分析工具

深层文本特征	文本自动分析工具
句法复杂度（Syntactic Complexity）	• L2 Syntactic Complexity Analyzer (L2SCA) (Lu 2011) • Coh-Metrix (Graesser et al. 2004) • The Biber Tagger (Biber 1988)
词汇复杂度（Lexical Sophistication）	• Tool for the Automatic Analysis of Lexical Sophistication (TAALES) (Kyle & Crossley 2015) • Coh-Metrix (Graesser et al. 2004) • The Computerized Language Analysis (CLAN) program (MacWhinney 2000) • The Writing Analysis Tool (WAT) (McNamara & Graesser 2012)
文本连贯性（Cohesion）	• Tool for the Automatic Analysis of Cohesion (TAACO) (Crossley et al. 2016) • Coh-Metrix (Graesser et al. 2004) • The Writing Analysis Tool (WAT) (McNamara & Graesser 2012)

句法复杂度作为写作能力的重要构念（Jagaiah et al. 2020），与学习者写作水平关系紧密（Lu 2011；Guo et al. 2013；McNamara et al. 2015）。Bulté & Housen（2012）强调在研究语言复杂性时，应从理论、观察和操作三个层面进行考量。在操作层面，句法复杂度被视为一个多维结构，主要包括"整体（如 T 单元平均长度）、子句（如每个 T 单元的从属或并列从句）和短语结构（如从句的平均长度、每个从句包含的复杂名词）"（Casal & Lee 2019：52）。

词汇复杂度指"学习者对复杂和高级词汇的使用"（Kim et al. 2018：121）。应用语言学研究发现，复杂词汇的出现频率通常较低（Laufer & Nation 1995）。从心理语言学的角度来看，复杂词汇往往具有较低的具体性（即单词所指对象的具体程度；Wilson 1988）、形象性（即构建单词心理形象的难易程度；Wilson 1988）和熟悉度（即单词的常见程度；Wilson 1988）（Kim et al. 2018）。这些参数均从医学研究委员会心理语言学数据库（Medical Research Council Psycholinguistic Database）中提取。

文本连贯性指文本是否通过语言提示帮助读者在概念之间建立联系（Crossley et al. 2016）。文本连贯性主要通过句间衔接、段落间衔接、全篇衔接三种手段实现。句子之间重叠的单词和概念可归类为句间衔接手段（Halliday & Hasan 1976），而段落间和全篇衔接手段分别指段落之间（Foltz 2007）和整个文本之间（Crossley et al. 2016）的语义和词汇重叠。一语写作研究观察到一条衔接手段的发展路径：从句间衔接手段（如指称代词和连接词）到词汇重复（即单词或概念的重复），再到隐含连接的复杂句法结构（McCutchen & Perfetti 1982；Crossley et al. 2016）。而二语写作中，衔接手段的发展则未展现出较为统一的规律（Kim & Crossley 2018）。

模型建构（见本文第三节"模型建构"）可以从输入的语言特征中筛选出能够预测文本特征的语言特征，并能根据权重对其进行排序，为写作教学实践提供重要参考。例如, Guo et al.（2013）发现显著影响托福独立写作任务评分的语言特征有词数（number of words per text）、单词平均音节数（average syllables per word）、名词上位词（noun hypernym values）、过去分词（past participle verbs）和条件连接词（conditional connectives）。而托福综合写作任务评分的重要预测因素则包括词数、过去分词、词汇熟悉度（word familiarity）、第三人称单数现在时动词（verbs in third person singular present form）、语义相似度（semantic similarity）、动词原形（verbs in base form）和词频（word frequency）。McNamara et al.（2015）将长、短文章分开建模，发现名词化（nominalizations）、复数名词（plural nouns）和词汇多样性（lexical diversity）等指标能够预测较短文章的分数；而名词化、过去分词、n元语法（n-grams）和 CELEX 频率（CELEX frequency）等指标能够预测较长文章的分数。虽然不同算法筛选出的影响文本质量的语言特征各不相同，但文本长度通常是具有极高权重的特征（Guo et al. 2013；Ma et al. 2023）。值得注意的是，文本长度是否为构念相关因素在学界尚存争议。部分学者认为，文本长度是构念相关因素，因为只有文章达到一定长度才能有效地阐述作者观点（Kobrin et al. 2007；Quinlan et al. 2009）。人工评分也同样受到文本长度的影响，且相比新手评分员，经验丰富的评分员的评分与文本长度的相关性更高（Attali & Burstein 2006）。但仍有学者并不将文本长度归类为构念相关因素（McNamara et al. 2015；Crossley 2020）。除此之外，一些语言特征参数也会受到文本长度的影响。因此，通过统计学转化降低这些参数对文本长度的敏感度是自然语言处理研究的重要内容。例如，词汇复杂度的重要传统参数形符比（type-token ratio）是不同单词的数量除以所有单词数量得到的值，受文本长度的影响较大。VOCD 作为形符比的数学转化，显著降低了对文本长度的敏感度（Koizumi & In'nami 2012）。随着自然语言处理技术的不断精进，更多对文本长度不敏感的参数将被逐步开发。在预测文本质量语言特征的识别方面，目前大语言模型的决策过程缺乏透明度，无法明确识别显著影响文本质量的语言特征。例如，Wang & Gayed（2024）通过大语言模型微调（fine-tuning）技术，预测了托福独立写作文章的分数。尽管该研究为微调模型的预测准确度提供了数据支持，但未能像先前研究那样明确识别预测文本质量的参数。然而，随着大语言模型技术的进一步发展，这项任务实现前景可期。

3. 模型建构

写作自动评分模型建构涵盖算法选取和评价标准选取。随着大数据、机器学习的快速发展，语言学相关研究逐渐从传统统计算法过渡到机器学习算法（McNamara et al. 2015）。早期，美国教育考试服务中心（Educational Testing Service，简称ETS）开发的 e-rater®、Vantage Learning 开发的 IntelliMetric® 等都使用了多元线性回归。与多元线性回归相比，基于机器学习的建模方法，如判别函数分析（Crossley et al. 2008；McNamara et al. 2015）、决策树（Ma et al. 2023）和随机森林（Latifi & Gierl 2021）等，通常在分类任务中表现出更高的准确度，尤其是在因变量之间存在高阶相互作用效应和多重共线性的情况下（Strobl et al. 2009；Zhai et al. 2021）。其中，判别函数分析是一种参数测试，需要满足一些重要的假设："（i）自变量至少为区间或比例尺度变量;（ii）预测变量是从具有多元正态分布的总体中独立随机抽样的，以及（iii）

方差 / 协方差矩阵相等的假设"（Albayrak 2009：117）。"尽管违反这些假设可能不会降低模型整体预测能力"（Hair et al. 1998：259），但某些组的分类误差可能会增加（Lachenbruch 1967）。决策树是一种非参数分类技术，不需要满足数据的任何分布假设（Karel et al. 2004），对解释变量之间的强相关性也不敏感（Tabachnick & Fidell 1996）。随机森林（Breiman 2001）则由多达 500 个未经剪枝的决策树（Mendez et al. 2008）组成，"通过结合随机生成的决策树的预测结果作出分类决策"（Latifi & Gierl 2021：70）。决策树通过选择所有变量中基尼指数最高的变量对数据进行分组（partition）；而在随机森林中，每次分组时仅从随机选择的几个变量（通常是变量总数的平方根）中选择基尼指数最高的变量，以避免树之间的高度相关性（Mendez et al. 2008）。这些机器学习算法都通过 K 折交叉验证（K-fold cross-validation）技术建构模型。在 K 折交叉验证过程中，数据被随机分为 K 个近似相等的文本集合。每个文本集合用于评估通过其他 K-1 集构建的模型，此过程迭代 K 次（Latifi & Gierl 2021）。多数研究采用了 10 折交叉验证，因为"当分割集合数超过 10 时，分类性能通常不会继续提高"（Witten et al. 2011：153）。

　　近年来，随着大语言模型和人工智能的发展，研究者逐渐将大语言模型运用到文本自动评分的实践中。Mizumoto & Eguchi（2023）在建模过程中引入了 ChatGPT 生成的文本分数（以下简称"GPT 分数"），并尝试将 GPT 分数与基于自然语言处理的文本特征参数结合建模。然而，在建模方法上，他们仍采用了机器学习算法中的贝叶斯算法。研究结果表明，GPT 分数与语言特征相结合的模型在准确度上优于其他六种模型，包括：仅有 GPT 分数、GPT 分数和词汇复杂度、GPT 分数和语法复杂度、GPT 分数和细颗粒度句法依存（fine-grained syntactic dependency）以及动词论元结构（verb argument construction）、GPT 分数和连贯性。Wang & Gayed（2024）则在议论文自动评分模型的建构过程中完全依赖大语言模型 GPT-3.5，并对该模型进行了微调训练。在与非微调的（non-fine-tuned）GPT-3.5 和 GPT-4 基础模型零样本提示（zero-shot prompting）的结果对比中，经过微调训练的 GPT-3.5 模型在预测分数方面展现出更高的准确度，同时未出现过度拟合现象，说明微调后的模型能够较为准确地预测未在微调过程中使用过的文本质量。尽管微调技术能够使大语言模型更加适用于自动评分的需求，但目前尚没有直接的数据对比，以评估其他算法和大语言微调模型的预测准确度差异。

　　除建模算法外，建模依据的评价标准也十分重要，它决定了模型的适用性。目前，自动评分模型对写作水平的量化标准不尽相同，不同模型间的分数转化具有一定难度。

Thomas（1994）总结了二语写作能力的四种不同衡量标准：印象判断（impressionistic judgement）、机构层级（institutional status）、内部评估（in-house assessment instrument）和标准化测试（standardized test）。其中，内部评估和标准化测试被用于写作自动评分。除少数相关研究依据内部评估工具标注学生文本质量（如 Latifi & Gierl 2021）外，更为常见的是通过托福、雅思、GRE 等标准化测试的分数标注学生的作文水平。例如，Guo et al.（2013）、Kyle & Crossley（2016）以及 Kim & Crossley（2018）等研究使用了 ETS 提供的五级评分标准。独立写作任务的评分标准强调词汇和句法的复杂性、连贯性以及语法准确性，而综合写作任务的评分标准则更关注论文中信息提取的准确性和表达的连贯性（Guo et al. 2013）。Wang & Gayed（2024）在基于大语言模型微调的议论文自动评分研究中也使用了 ETS 的五级评分标准。McNamara et al.（2015）建构的议论文评估模型依据 SAT 考试开发的六级整体评分量表进行评分。该评分量表关注论文的一般特征，如复杂的词汇和基于证据的推理。商业自动评分软件也多采用标准化测试分数，如 e-rater、IntelliMetric 以及我国自主开发的冰果英语智能作文评阅系统和批改网等。其中，冰果智能评阅网站以大学英语四、六级 15 分制为主要评分标准（也可换算为 100 分值），批改网则同时提供多种评分公式，包括大学英语四、六级考试，英语专业四级、八级考试以及雅思等。为进一步拓展自动评分模型的适用范围，并提升研究结果的可推性，近年来，相关研究逐渐采用语言能力框架作为训练自动评分模型的评价标准。例如，Ma et al.（2023）依据 CEFR 等级建构了文本自动评分模型。

4. 模型检验

　　模型检验是写作评估模型建构中的重要环节，模型的预测准确度关系到模型的有用性及反拨作用。目前被广泛接受的检验标准是模型预测与人工批阅的一致性。经过人工评阅的文本通常一部分用于模型建构，其余部分用于检测模型的预测准确度。将未参与模型训练的文本数据代入建构的模型，即可自动输出模型的预测评分。其与人工评分的一致性是检测模型预测准确度的重要指标，主要包括五种效度系数（validity coefficients）：精确一致性（exact agreement）、相邻一致性（adjacent agreement）、二次加权 Kappa（the quadratic weighted Kappa）、皮尔逊相关系数（Pearson correlation）和标准平均得分差（standardized mean score difference）（Latifi & Gierl 2021）。精确一致性指人类对学生写作能力的判断与自动评分算法计算出的分类决策之间的绝对一致性，而相邻一致性指人机决策误差一级以内的一致性（Shermis

2014）。二次加权 Kappa 大于等于 0.70 时，表示人评分数中至少一半的方差解释了模型评分（Latifi & Gierl 2021）。皮尔逊相关系数假设两组数据之间存在线性关系，衡量两组数据的协方差与其标准差的乘积之间的比率。标准平均得分差则反映了人类判断与算法模型在测量尺度的使用上的相似／差异，当该值低于或等于 0.15 时表明双方的评分具有较高分布相似性。

然而，以人机评阅一致性为检验模型准确度的唯一标准存在一定局限性（Bridgeman & Ramineni 2017）。研究者也在努力寻求一些其他方式，如预测结果与选择题或者与考查其他技能题目得分的相关性（Ramineni et al. 2012）。理论层面，研究者不断建构和拓展自动评分系统的效度验证框架（Xi et al. 2008；Enright & Quinlan 2010）。目前较为完善的框架是 Williamson（2013）提出的自动评分效度验证框架，其内容主要包括：构念的相关性和代表性、评分准确度（与人工评分比较）、分数的普遍适用性和分数决策及使用。Bridgeman & Ramineni（2017）对 Williamson（2013）的自动评分效度验证框架进行了重要扩展，提出检验标准在考察人机评阅一致性外，也应寻求外部证据。例如，主要适用于限时作文评分的模型能否准确预测非考试情境下真实写作任务的评分。未来相关研究除提供模型与人工评分一致性的数据外，可考虑依据自动评分效度验证框架为评估模型提供更为全面的效度信息。

5. 结语

本文聚焦应用语言学领域的英语写作能力自动评分研究，从特征提取、模型建构、模型检验三个方面对该领域的更新和拓展进行梳理。特征提取依赖自然语言处理技术，为众多模型建构研究提供了核心基础。尽管目前文本质量参数已十分丰富，并涉及深层次特征，但文本长度往往是最能预测文本质量的参数。未来研究仍需进一步拓展能够更准确预测文本质量的参数，尤其是开发不受文本长度影响的文本质量特征。模型建构方法经历了从传统线性回归到机器学习算法再到大语言模型的发展过程。机器学习模型既有解释力，又比传统线性回归具有更高的预测准确度，且有效解决了文本参数可能存在的共线性问题。大语言模型微调紧跟计算机领域建模技术的发展，在自动评分方面展现出巨大潜力。然而，目前大语言模型的透明度较低，尚无法筛选出能够预测文本质量的具体参数，也缺乏直接对比大语言模型与其他建模算法准确度的数据支持。未来研究应进一步提升大语言模型的算法透明度，并提供各类模型预测准确度的对比数据。模型预测准确度的检验方法也应依据自动评分效度验证框架进一步丰富，不仅包括人机评分一致性数据，还需提供外部信度支持证据。

参考文献

Albayrak, Y. 2009. Classification of domestic and foreign commercial banks in Turkey based on financial efficiency: A comparison of decision tree, logistic regression and discriminant analysis models [J]. *The Journal of Faculty of Economics and Administrative Sciences,* 14(2): 113–139.

Attali, Y. & Burstein, J. 2006. Automated essay scoring with e-rater® V.2 [J]. *Journal of Technology, Learning, and Assesment*, 4(3). Available from http://www.jtla.org.

Biber, D. 1988. *Variation across speech and writing* [M]. New York, NY: Cambridge University Press.

Breiman, L. 2001. Random forests [J]. *Machine Learning*, 45: 5–32.

Bridgeman, B. & Ramineni, C. 2017. Design and evaluation of automated writing evaluation models: Relationships with writing in naturalistic settings [J]. *Assessing Writing*, 34: 62–71.

Bulté, B. & Housen, A. 2012. Defining and operationalizing L2 complexity [A]. In A. Housen, F. Kuiken & I. Vedder (eds.). *Dimensions of L2 performance and proficiency: Complexity, accuracy and fluency in SLA* [C]. Amsterdam: John Benjamins Publishing Company: 21–46.

Casal, J. E. & Lee, J. J. 2019. Syntactic complexity and writing quality in assessed first-year L2 writing [J]. *Journal of Second Language Writing*, 44: 51–62.

Crossley, S. A. 2020. Linguistic features in writing quality and development: An overview [J]. *Journal of Writing Research*, 11(3): 415–443.

Crossley, S. A., Greenfield, J. & McNamara, D. S. 2008 Assessing text readability using cognitively based indices [J]. *TESOL Quarterly*, 42(3): 475–493.

Crossley, S. A., Kyle, K. & McNamara, D. S. 2016. The development and use of cohesive devices in L2 writing and their relations to judgments of essay quality [J]. *Journal of Second Language Writing*, 32: 1–16.

Enright, M. & Quinlan, T. 2010. Complementing human judgment of essays written by English language learners with e-rater® scoring [J]. *Language Testing*, 27(3): 317–334.

Foltz, P. W. 2007. Discourse coherence and LSA [A]. In T. K. Landauer, D. S. McNamara, S. Dennis & W. Kintsch (eds.). *Handbook of latent semantic analysis* [C]. Mahwah, NJ: Lawrence Erlbaum: 167–184.

Graesser, A. C., McNamara, D. S., Louwerse, M. M. & Cai, Z. 2004. Coh-Metrix: Analysis of text on cohesion and language [J]. *Behavior Research Methods, Instruments, and Computers*, 36(2): 193–202.

Graham, S. & Perin, D. 2007. A meta-analysis of writing instruction for adolescent students [J]. *Journal of Educational Psychology*, 99(3): 445–476.

Guo, L., Crossley, S. A. & McNamara, D. S. 2013. Predicting human judgments of essay quality in both integrated and independent second language writing samples: A comparison study [J]. *Assessing Writing*, 18(3): 218–238.

Halliday, M. A. K. & Hasan, R. 1976. *Cohesion in English* [M]. London: Longman.

Hair, J. F., Anderson, R. E., Tatham, R. L. & Black, C. 1998. *Multivariate data analysis* [M]. Hoboken, NJ: Prentice Hall.

Jagaiah, T., Olinghouse, N. G. & Kerns, D. M. 2020. Syntactic complexity measures: Variation by genre, grade-level, students' writing abilities, and writing quality [J]. *Reading and Writing*, 33: 2577–2638.

Karel, T. J., Bryant, A. A. & Hik, D. S. 2004. Comparison of discriminant function and classification tree analyses for age classification of Marmots [J]. *OIKOS*, 105(3): 575–587.

Kim, M. & Crossley, S. A. 2018. Modeling second language writing quality: A structural equation investigation of lexical, syntactic, and cohesive features in source-based and independent writing [J]. *Assessing Writing*, 37: 39–56.

Kim, M., Crossley, S. A. & Kyle, K. 2018. Lexical sophistication as a multidimensional phenomenon: Relations to second language lexical proficiency, development, and writing quality [J]. *The Modern Language Journal*, 102(1): 120–141.

Kobrin, J. L, Deng, H. & Shaw, E. J. 2007. Does quantity equal quality? The relationship between length of response and scores on the SAT essay [J]. *Journal of Applied Testing Technology*, 8(1): 1–15.

Koizumi, R. & Y. In'nami. 2012. Effects of text length on lexical diversity measures: Using short texts with less than 200 tokens [J]. *System*, 40(4): 554–564.

Kyle, K. & Crossley, S. A. 2015. Automatically assessing lexical sophistication: Indices, tools, findings and application [J]. *TESOL Quarterly*, 49(4): 757–786.

Kyle, K. & Crossley, S. A. 2016. The relationship between lexical sophistication and independent and source-based writing [J]. *Journal of Second Language Writing*, 34: 12–24.

Lachenbruch, P. A. 1967. An almost unbiased method of obtaining confidence intervals for the probability of misclassification in discriminant analysis [J]. *Biometrics*, 23(4): 639–645.

Latifi, S. & Gierl, M. 2021. Automated scoring of junior and senior high essays using Coh-Metrix features: Implications for large-scale language testing [J]. *Language Testing*, 38(1): 62–85.

Laufer, B. & Nation, P. 1995. Vocabulary size and use: Lexical richness in L2 written production [J]. *Applied Linguistics*, 16(3): 307–322.

Lu, X. 2011. A corpus-based evaluation of syntactic complexity measures as indices of college-level ESL writers' language development [J]. *TESOL Quarterly*, 45(1): 36–62.

Ma, H., Wang, J. & He, L. 2023. Linguistic features distinguishing students' writing ability aligned with CEFR levels [J]. *Applied Linguistics*, 45(4): 637–657.

MacWhinney, B. 2000. *The CHILDES Project: Tools for analyzing talk* (3rd ed.) [M]. Mahwah, NJ: Lawrence Erlbaum Associates.

Mendez, G., Buskirk, T. D., Lohr, S. & Haag, S. 2008. Factors associated with persistence in science and engineering majors: An exploratory study using classification trees and random forests [J]. *Journal of Engineering Education*, 97(1): 57–70.

McCutchen, D. & Perfetti, C. A. 1982. Coherence and connectedness in the development of discourse production [J]. *Text–Interdisciplinary Journal for the Study of Discourse*, 2(1–3): 113–140.

McNamara, D. S., Crossley, A. S. Roscoe, D. R. Allen, K. L. & Dai, J. 2015. A hierarchical classification approach to automated essay scoring [J]. *Assessing Writing*, 23: 35–59.

McNamara, D. S. & Graesser, A. C. 2012. Coh-Metrix: An automated tool for theoretical and applied natural language processing [A]. In P. M. McCarthy & C. Boonthum-Denecke (eds.). *Applied natural language processing and content analysis: Identification, investigation, and resolution* [C]. Hershey, PA: IGI Global: 188–205.

Mizumoto, A. & Eguchi, M. 2023. Exploring the potential of using an AI language model for automated essay scoring [J]. *Research Methods in Applied Linguistics*, 2(2): 100050.

Quinlan, T., Higgins, D. & Wolff, S. 2009. *Evaluating the construct-coverage of the e-rater® scoring engine* [R]. ETS Research Report No. RR-09-01. Princeton, NJ: Educational Testing Service.

Ramineni, C., Trapani, C. S., Williamson, D. M. W., Davey, T. & Bridgeman, B. 2012. *Evaluation of the e-rater® scoring engine for the TOEFL®* [R]. ETS Research Report No. RR-12-06. Princeton, NJ: Educational Testing Service.

Shermis, M. D. 2014. State-of-the-art automated essay scoring: Competition, results, and future directions from a United States demonstration [J]. *Assessing Writing*, 20: 53–76.

Strobl, C., Malley, J. D. & Tutz, G. 2009. An introduction to recursive partitioning: Rationale, application, and characteristics of classification and regression trees, bagging, and random forests [J]. *Psychological Methods*, 14(4): 323–348.

Tabachnick, B. G. & Fidell, L. S. 1996. *Using multivariate statistics* (3rd ed.) [M]. New York, NY: Harper Collins.

Thomas, M. 1994. Assessment of L2 proficiency in second language acquisition research [J]. *Language Learning*, 44(2): 307–336.

Wang, Q. & Gayed, J. 2024. Effectiveness of large language models in automated evaluation of argumentative essays: Finetuning vs. zero-shot prompting [J]. *Computer Assisted Language Learning*, 1–29.

Williamson, D. M. 2013. Probable cause: Developing warrants for evaluation and use of automated scoring [A]. In M. D. Shermis & J. Burstein (eds.). *Handbook of automatic essay evaluation* [C]. New York, NY: Routledge: 153–180.

Wilson, M. 1988. MRC psycholinguistic database: Machine-usable dictionary, version 2.00 [J]. *Behavior Research Methods, Instruments, and Computer*, 20(1): 6–10.

Witten, I., Frank, E. & Hall, M. 2011. *Data mining: Practical machine learning tools and techniques* (3rd ed.) [M]. San Francisco, CA: Morgan Kaufmann Publishers.

Xi X., Higgins D., Zechner K. & Williamson, D. M. 2008. *Automated scoring of spontaneous speech using SpeechRater^{SM} v1.0* [R]. ETS Research Report No. RR-08-62. Princeton, NJ: Educational Testing Service.

Zhai, X., Krajcik, J. & Pellegrino, J. W. 2021. On the validity of machine learning-based next generation science assessments: A validity inferential network [J]. *Journal of Science Education and Technology*, 30: 298–312.

作者简介

马鸿，浙江大学外国语学院语言学研究所副教授。主要研究方向为语言能力发展与自动评分、数据挖掘、语料库语言学。电子邮箱：0016183@zju.edu.cn

刘可怡，浙江大学外国语学院语言学研究所硕士研究生。主要研究方向为二语习得、语言测试。电子邮箱：22446046@zju.edu.cn

A review of studies on the construction of automated writing evaluation algorithm

MA Hong & LIU Keyi

Abstract: In recent years, automated writing evaluation, as a form of artificial intelligence, has gained increasing attention in language teaching and assessment research. This paper reviews research on automated English writing evaluation within applied linguistics, focusing on feature extraction, model construction, and model validation. First, text feature extraction relies on natural language processing techniques to quantify linguistic features, laying the data foundation for the construction of automated evaluation models. Meanwhile, these models can identify linguistic features that predict text quality, providing reference for writing instruction. Second, the methods for model construction have gradually transitioned from traditional statistical methods to machine learning algorithms, and then to fine-tuning of large language models. However, large language models currently lack transparency, making it difficult to pinpoint the linguistic features predictive of text quality, and there is still a lack of empirical evidence directly comparing the predictive accuracy of large language models and other algorithms in writing evaluation. Besides, the criteria for evaluating writing quality have expanded to include internal assessments, standardized tests, and language proficiency frameworks. Third, in terms of model validation, researchers have gradually recognized the limitations of using human-machine consistency as the sole evaluation criterion, and have proposed and extended the self-assessment validity framework.

Keywords: AWE; large language model; feature extraction; model construction; model validation

基于 GPT-4 的英语写作自动化评估探索
——以雅思写作任务 2 为例

董艳云　　祁昕阳　　马晓梅

西安交通大学

提要: 本研究旨在探索 GPT-4 用于小样本二语写作的评估能力,以雅思写作任务 2 为例,设计了包含六类指令的指令工程,通过数据分布、相关分析及一致性检验,逐步分析了 GPT-4 在不同指令窗口下的评分性能在实验集上的表现。结果发现:第一,"最简+标准+样例"指令为最佳,并在验证集上再次得到验证。在最佳指令下,GPT-4 的评分与考官评分一致性较强,且具备强相关关系。第二,考官评价与评分标准和校标样例存在信息偏差,不宜作为指令资料,否则可能会对 GPT-4 形成干扰。本研究期望能为 GPT-4 在教育环境中的写作评估应用提供实证支持,为进一步探索其在课堂环境中的实施提供基础。

关键词: GPT-4;雅思写作任务 2;自动化作文评分;评分员一致性

1. 引言

　　二语写作的评估与反馈是二语写作教学中的重要环节,关系到学生写作能力的发展(Kim 2011)。然而,无论是大规模考试作文评阅,还是课程作文反馈,都需要耗费教师大量的时间和精力。此外,不同评分员或教师可能因评分习惯及倾向的不同(张洁 2009),导致评分的不一致性及潜在的偏见。写作自动化评估(Automated Writing Evaluation,简称 AWE)因具有高效、客观的优点,可解决以上人工评阅存在的问题。越来越多的大规模考试(如计算机化的 TOEFL、GMAT、GRE 等)正在逐步采用不同的自动评分系统对作文部分进行机器评分,以提高评分的效率与公平性。传统的写作自动化评估模型通常采用特征工程方法(feature-engineering approach),特征可能包括语法和拼写错误、语篇结构、语篇连贯性、词汇使用和句子多样性(Yancey et al. 2023)。特征可以是基于规则的,也可以是统计得出的,其构建过程复杂(Williamson et al. 2012),对教师或普通用户来说都存在较高的技术挑战,较难在课堂教学中广泛使用。

　　大语言模型(Large Language Model,简称 LLM)的出现显著扩展了人工智能的能力边界和应用范围，推动了人工智能大众化和平民化时代的到来（陆伟等 2024）。基于 LLM 的新一代人工智能 ChatGPT 的出现正在为各个领域带来深刻变革（沈超 2023）。ChatGPT 以其强大的潜力吸引了众多学者积极开展其在各领域的应用价值的研究，试图回答"如何用才更有效"的问题（文秋芳、梁茂成 2024）。作为新兴的人工智能技术，ChatGPT 在写作评估与反馈领域的应用也备受关注（Hackl et al. 2023；Mizumoto & Eguchi 2023）。众所周知，ChatGPT 具有强大的上下文理解能力及文本生成能力，但其能否用于且有效地用于写作评估，仍需进一步验证。从技术角度看，ChatGPT 在写作评估中的应用具有潜在优势。首先，作为网页平台（web-based），普通用户无需编程或写代码，仅需输入恰当的语言指令（prompt），即可使 ChatGPT 有效地执行相应的任务。因此，ChatGPT 的使用门槛较低，易于教师在教学中使用。其次，传统自动化评估模型一旦开发完成，其评分标准和能力就已固定，而 ChatGPT 可以通过持续学习不同的指令要求，执行不同的任务，具有较强的延展性。

尽管 ChatGPT 具有上述技术优势，但其在写作自动化评估中的有效性，以及如何发挥更大的写作评估潜能，仍需进一步探索。如若 ChatGPT 可有效地应用于二语写作评分，则可极大提升二语评估的效率，推动二语写作课堂教学的进一步发展。

2. 文献综述

2.1 二语写作的自动化评估

AWE 也称写作自动化评分（Automated Essay Scoring，简称 AES），指采用计算机程序对作文进行智能评分（杨丽萍、辛涛 2021）。早期的研究主要集中在语法和词汇层面的错误检测和纠正上（Dikli 2006）。随着机器学习和深度学习技术的引入，研究者开始关注更复杂的写作评价标准，如内容质量、篇章结构和写作风格等（Shermis & Burstein 2013）。

国外具有代表性的作文自动评估系统是 Pearson 的 Intelligent Essay Assessor™（简称 IEA）（Landauer et al. 2003）和美国教育考试服务中心（Educational Testing Service，简称 ETS）的 e-rater®（Attali & Burstein 2004；Burstein et al. 2013）。IEA 基于潜在语义分析（Latent Semantic Analysis，简称 LSA）技术，通过比较作文与高质量文本的相似性进行评分（Foltz et al. 1999；梁茂成、文秋芳 2007）。但 IEA 主要通过信息检索技术进行内容质量分析，对篇章结构和语言质量并不作分析（Foltz et al. 1998）。而 e-rater 则基于信息检索和自然语言处理等技术，根据多种语言特征，如词汇复杂性、句法多样性和语法错误等，从语言、内容、篇章结构三个方面进行评分（Burstein et al. 2013）。然而，其评分虽具一定准确性，但对作文的内容、篇章结构及语言质量的分析仍不够全面（梁茂成、文秋芳 2007）。

国内应用较广泛的二语作文自动评估系统为批改网（www.pigai.org）和 iWrite（iwrite.unipus.cn）。批改网通过计算学生作文和标准语料库之间的距离进行评分（张荔、盛越 2015），主要关注词汇的丰富度和难易度、语法的准确性，对篇章内容等方面关注不够。iWrite 是基于语法规则与深度学习统计模型相结合的写作自动化评估系统，虽然该系统兼顾了语言、内容、篇章结构、技术规范四个维度，但是评估结果同样存在重词句、轻篇章结构的问题。

上述写作评估模型主要依赖于基于规则的特征抽取以及数据统计方法（Williamson et al. 2012；张荔、盛越 2015），其优势在于语言特征可溯源，模型可解释性强；而劣势在于语言特征抽取受特征工程影响较大，构建数据难度大、时间周期长（薛嗣媛、周建设 2024）。

2.2 ChatGPT 的写作自动化评估

美国 OpenAI 公司于 2022 年发布的 ChatGPT（Chat Generative Pre-trained Transformer）是基于 Transformer 架构的生成式预训练 LLM，能够输出复杂度较高的类人语言，适应不同自然语言处理任务并提供反馈，可用于故事续写、摘要生成、写作反馈等应用（薛嗣媛、周建设 2024）。GPT-3、GPT-3.5、GPT-4 等是其不同的版本。Transformer 是一种深度学习神经网络架构，是注意力机制（attention mechanism）驱动的模型结构，旨在从顺序数据中学习上下文和含义，可以被更快速、更高效地训练，并且能够比卷积神经网络（Convolutional Neural Networks，简称 CNNs）及循环神经网络（Recurrent Neural Networks，简称 RNNs）等其他模型取得更好的结果（Mizumoto & Eguchi 2023）。

基于 Transformer 架构的还有 BERT（Bidirectional Encoder Representations from Transformers）模型。BERT 和 ChatGPT 的不同之处在于，BERT 是基于双向的体系结构，而 ChatGPT 是单向模型，即 BERT 可以同时考虑左右两边的上下文语境，而 ChatGPT 只考虑从左到右的上下文语境（Mizumoto & Eguchi 2023）。然而，ChatGPT 的参数数量巨大，达到千亿级别，而 BERT 的参数仅为 3 亿多。经过海量的文本预训练之后，ChatGPT 的语言理解能力非常强大。

基于其强大的语言理解力，Mayer et al.（2023）通过 ChatGPT 对商务邮件的礼貌性进行分类研究，结果显示 ChatGPT 可以达到与人类评级相似的准确性水平。

此研究与 AWE 的原理有相似性，表明 ChatGPT 用于 AWE 的潜能不应被忽视（Mizumoto & Eguchi 2023）。

随后，Mizumoto 和 Eguchi（2023）基于 TOEFL11 语料库，采用雅思写作任务 2 的评分标准，探索了 GPT-3 在写作评分方面的效能（样本量 = 1210）。研究结果发现，GPT-3 的评分与人工打分的一致性为中等水平（QWK= 0.388）。此外，将 GPT-3 生成的分数融入包含语言特征的回归模型中所带来的性能改善效果有限。Hackl et al.（2023）通过评估宏观经济学领域的学生作业（样本量 > 1000），探索了 GPT-4 的文本评估能力。研究结果表明，GPT-4 在不同时间点和风格变化下能够一致地应用评价标准，组内相关系数（intraclass correlation coefficient，简称 ICC）很高（ICC = 0.994–0.999），显示出 GPT-4 可以作为 AWE 工具减轻人工负担（Hackl et al. 2023）。Yancey et al.（2023）基于《欧洲语言共同参考框架》（CEFR）的等级标准，测试了 GPT-3.5 和 GPT-4 预测二语写作水平的能力（样本量 =10,000），发现 GPT-4 可与人工打分相媲美，其评分一致性很高（QWK=0.81），但是不同的语言指令可显著改善模型（Yancey et al. 2023）。由此可见，GPT-4 对于文本评估以及二语写作水平评估具有较高的性能。

然而，上述研究皆基于超过 1000 个样本的大规模应用，而 ChatGPT 在教育及测评领域的应用不应仅限于大样本量的环境，课堂小环境其实更为普遍，更需人工智能赋能。因此，ChatGPT 在课堂环境下的小样本量写作评估能力如何，仍需进一步检验。

2.3 指令工程

指令工程（prompt engineering 或 prompting）是指通过设计自然语言指令引导模型充分理解意图并生成结果，它搭建起了自然语言与人工智能之间有效沟通的桥梁，使得不具备人工智能专业背景的用户也能快速而高效地运用智能技术（陆伟等 2024）。

设计高质量、体系化、流程化的指令，可以使模型在不需要参数微调（fine-tuning）的前提下，达到接近甚至超越针对特定领域任务进行监督学习的模型的性能（车万翔等 2023）。换言之，通过构造针对特定领域或任务的指令集，在无需调整参数和重新训练模型的情况下，可对模型进行微调，即指令微调（prompt-tuning）（郝博文等 2024），以便让模型更加适应特定的下游任务，发挥出潜能。已有大量工作研究如何更好地利用指令工程激发模型强大的智能潜力，以使模型解决复杂问题（陆伟等 2024）。薛嗣媛和周建设（2024）指出，构造在特定领域发挥作用的自然语言指令，充分挖掘预训练语言模型的能力，是优化指令微调技术的关键问题。因此，如何构建适用于课堂二语写作评估的有效指令是让 GPT-4 成功执行下游评估任务的重要内容，也是本研究的重点。

根据以上分析，本文将以雅思写作任务 2 为例，应用 GPT-4 进行自动化评估，探索 GPT-4 在小样本下评估二语写作的可用性与准确性，并尝试回答以下研究问题：

1）GPT-4 在多大程度上可用于小样本的二语写作的自动化评估？

2）在何种指令下，GPT-4 可有效进行小样本的二语写作的自动化评估？

3. 研究方法

3.1 数据来源及数据集的构成

本研究共收集了 75 篇雅思写作任务 2 的样文组成数据集。雅思写作任务 2 要求考生在 40 分钟内写一篇不少于 250 词的议论文。话题主要涉及社会问题、教育教学、家庭生活、科技发展、体育运动、环境保护、文化娱乐等。其中，66 篇样文来自剑桥雅思官方真题集（学术类）（2001—2018 年）（以下简称"剑雅"），附有官方评分结果；9 篇来自某培训机构学员对考场作文的回忆，对应得分为考生当次考试的实际得分，且在互联网平台公开发表。评分标准为 0—9 分，包含半分的情况。数据集的作文得分在 4.0 分至 8.5 分之间。

本研究将 75 篇样文划分为三个不同的数据集，即样例集、实验集和测试集。已有研究对 LLM 进行评分性能的验证时，一般会采用零样本学习（zero-shot learning）和少量样本学习（few-shot learning）（Yancey et al. 2023；薛嗣媛、周建设 2024）。少量样本即在每个级别为 LLM 提供 1—3 篇校标样例（calibration examples）让其学习。本研究采用类似的方法，从数据集共涉及的 8 个分数（4.0、5.0、5.5、6.0、6.5、7.0、7.5、8.5）的样文中各选取 2 篇（共计 16 篇）组成样例集；测试集则由 SPSS 23.0 软件从剩余的 59 篇样文中随机抽取出的 20 篇样文构成，用于主体实验中对表现最佳的指令进行实证测试；最终剩余的 39 篇样文则构成实验集，用于主体实验。数据集分组情况详见表 1。

表 1　数据集分组情况

	样例集	实验集	测试集
文章编号	1、3、15、17、20、24、27、29、32、43、60、62、72、73、74、75	4、7、8、9、10、11、12、13、16、18、19、21、22、25、26、28、31、34、37、45、46、47、48、50、51、53、54、55、56、57、59、63、64、65、66、68、69、70、71	2、5、6、14、23、30、33、35、36、38、39、40、41、42、44、49、52、58、61、67
总数	16	39	20

3.2 指令工程

ChatGPT 作为通用型人工智能，极大地降低了普通用户的使用门槛，用户为 ChatGPT 提供怎样的指令，蕴含多少知识信息，都将影响其生成结果（Yancey et al. 2023）。

本研究根据不同的信息量，设计不同的指令，指令集内容详见表 2。

表 2　指令集内容

序号	指令集	指令集内容
指令 1	最简指令	任务角色＋任务内容＋评分范围
指令 2	最简＋标准	任务角色＋任务内容＋评分范围＋评分标准
指令 3	最简＋样例	任务角色＋任务内容＋评分范围＋校标样例
指令 4	最简＋样例＋评语	任务角色＋任务内容＋评分范围＋校标样例＋考官评语
指令 5	最简＋标准＋样例 "类人化指令"	任务角色＋任务内容＋评分范围＋评分标准＋校标样例
指令 6	最简＋标准＋样例＋评语 "最繁指令"	任务角色＋任务内容＋评分范围＋评分标准＋校标样例＋考官评语

指令 1 是最简指令（Yancey et al. 2023）或标准指令（薛嗣媛、周建设 2024），仅包括任务角色（who）、任务内容（what）以及评分范围（score range）。最简指令是本研究的基线指令。

根据人工评分惯例，评分员需根据评分标准（rubric）进行评分。因此，指令 2 是在最简指令的基础上增添评分标准（最简＋标准）。

由于 ChatGPT 具有强化学习机制，即通过人类反馈进行强化学习（王天恩 2023），因此 ChatGPT 可以根据样本接受强化学习，从而理解不同分数作文的特征。由此，指令 3 为在最简指令的基础上增添少量样本让 GPT-4 进行学习，少量样本来自本研究的样例集（最简＋样例）。

对于每篇样文，剑雅不仅提供了整体分数，还附有考官评语（rationale）。考官评语是对整体分数的意义化及具象化，为 GPT-4 提供了更大的信息量，可能也会成为影响其评分的因素。因此，本研究的指令 4 是在第三类的基础上加入考官评语（最简＋样例＋评语）。

指令 5 是指令 2 与指令 3 的融合（最简＋标准＋样例）。这类指令最贴近人工评分的过程：评分员在评分之前一般会接受评分培训，包括评分标准的培训和校标样例的学习，以理解对应不同分数的作文特征。因此这类指令也是"类人化指令"。

第六类指令则是将以上所有信息都进行融合，即"最简＋标准＋样例＋评语"，也即"最繁指令"。

3.3 实验过程

3.3.1 实验

ChatGPT 不是一个静态的数据库与语料库，每一次与对话主体进行交谈和互动，都会推动机器学习和成长（蓝江 2023）。因此，本研究根据不同指令，在相互独立的聊天窗口中逐一进行实验（实验编号为 E1—E6），以减少实验间的相互影响。其中，E1 和 E2 是无样例集的实验，即 ChatGPT 根据 E1 和 E2 的指令，直接对实验集中的文章进行评分；而 E3 至 E6 是包含对样例学习过程的实验，ChatGPT 学习了样例集后，在对应实验的窗口对实验集文章进行评分。

实验结束后，研究者将实验数据与考官评分（E0）进行比对分析，从而找出能获得与考官评分一致性最高的指令。根据已有研究的分析方法（Williamson et al. 2012；Mizumoto & Eguchi, 2023；Yancey et al. 2023；薛嗣媛、周建设 2024），本研究将采用 Pearson 和 Spearman 相关系数、线性加权 Kappa（linear weighted Kappa，简称 LWK）及二次加权 Kappa（quadratic weighted Kappa，简称 QWK）来分析实验评分与考官评分的一致性，即人机评分的一致性。Pearson 相关系数要求数据满足正态分布且为连续变量，对离群值比较敏感；而 Spearman 相关系数不要求数据遵循特定的分布且适用于等级（有序）数据，对离群值不太敏感。由于在实验前无法确定数据的分布特性，因此本研究同时考察 Pearson 和 Spearman 相关系数。

也有研究（如 Naismith et al. 2023）采用精确一致性（exact agreement）和相邻一致性（adjacent agreement）指标，但 Williamson et al.（2012）指出，由于这两个指标具有很强的量表依赖性（4 分量表的一致性结果一般比 6 分量表的值高）和对基础分布的敏感性，ETS 对 e-rater 的研究不主张使用，因此本研究也不将此作为接受自动评分性能的指导指标。

3.3.2 验证

根据实验分析结果，在获得与考官评分一致性最高的指令后，本研究将基于测试集来检验最佳指令的可靠性。

验证实验（V1）将在新的实验窗口中进行，避免前述实验过程信息影响验证实验的结果。实验编号及其指令使用见表 3。

表 3　实验编号及其指令集使用

实验编号	指令集
E1	最简指令
E2	最简 + 标准
E3	最简 + 样例
E4	最简 + 样例 + 评语
E5	最简 + 标准 + 样例
E6	最简 + 标准 + 样例 + 评语
V1	最佳指令（待定）

4. 研究结果

4.1 考官及各实验评分的正态性检验

　　首先对考官评分（E0）及各次实验评分（E1—E6）的结果进行正态性检验。由于实验集的样本量为 39（< 50），因此采用 Shapiro-Wilk 检验。由表 4 可见，考官评分及各次实验评分的统计量均呈现出显著性（$p < 0.01$），拒绝零假设（数据正态分布），表明各个评分均不具备正态性特质，但是峰值和偏度的绝对值均小于 3，说明数据虽然不是绝对正态，但基本可接受为正态分布。

表 4　实验集的正态性检验及离群值汇总

名称	样本量	平均值	标准差	偏度	峰度	离群值	Shapiro-Wilk 检验	
							统计量 W 值	p
E0	39	7.500	1.241	-1.056	0.439	无	0.787	0.000***
E1	39	6.282	0.785	-0.555	-0.864	无	0.880	0.001**
E2	39	6.603	1.220	-0.732	-0.496	无	0.884	0.001**
E3	39	7.231	0.924	-1.229	1.114	4.5, 5	0.800	0.000***
E4	39	6.936	0.961	-1.168	1.406	4, 4.5	0.868	0.000***
E5	39	7.154	0.912	-1.088	0.872	无	0.845	0.000***
E6	39	6.705	0.856	-0.883	0.714	无	0.849	0.000***

注：$^*p < 0.05$，$^{**}p < 0.01$，$^{***}p < 0.001$。

　　从平均分来看，各次实验评分整体偏低，仅 E3 和 E5 的平均分高于 7 分，更接近 E0 的均分（7.5 分）。从偏度来看，E3、E4 和 E5 的评分分布与 E0 更为接近。从峰度来看，E5 和 E6 的评分分布与 E0 更为相似，E3 和 E4 更高的峰度表明评分在平均分附近较多，分数比较集中。从离群值来看，E0、E1、E2、E5、E6 均无离群值，E3 和 E4 分别有两个离群值，其中 E3 的离群值为 4.5 和 5，E4 的离群值为 4 和 4.5。由此也可推断，E3 和 E4 的分数集中在 4.5 或 5 以上分数段，从二者的峰度上也可得到一定的印证。综合平均分、偏度、峰度和离群值，E1、E2 和 E6 与 E0 相差较远，E3 和 E4 的分数更为集中，E5 与 E0 最为接近。

4.2 各实验评分与考官评分的相关性分析

利用相关分析去研究各实验评分与考官评分的相关关系，根据相关系数可见（见表5），E1 和 E2 与 E0 无相关性（$p > 0.05$），其余实验评分与 E0 均有强线性正相关关系（$r > 0.7$，$p < 0.001$），其中 E6 最高，E5 次之。强相关性表明一个变量可以解释另一个变量变化的较大比例。其中，E5 和 E6 的解释力（r^2=0.7972、0.8242；0.7912、0.8032）尤为显著，对 E0 评分变化的解释力均达 60% 以上。因此，相关分析的结果在一定程度上表明，可以根据 E5 和 E6 的评分预测 E0 的评分。

表 5　实验集的相关性分析

	E1—E0	E2—E0	E3—E0	E4—E0	E5—E0	E6—E0
Pearson r	0.216	0.265	0.769***	0.778***	0.797***	0.824***
Spearman r	0.290	0.278	0.720***	0.750***	0.791***	0.803***

注：$^*p < 0.05$，$^{**}p < 0.01$，$^{***}p < 0.001$。

4.3 各实验评分与考官评分的一致性检验

相关性系数是衡量两个变量间线性关系强度和方向的统计量，不能反映变量间的一致性程度，而 Kappa 统计量可以反映数据间的一致性程度（Fleiss & Cohen 1973）。本研究分析了 Cohen's Kappa、LWK 以及 QWK。

Cohen's Kappa 是一种严苛的一致性检验，只考虑评分者是否给出了完全相同的评分类别（Fleiss & Cohen 1973）。由表 6 可见，根据 Cohen's Kappa 的统计结果，五次实验评分与 E0 考官评分的一致性比例与随机一致性比例相比没有显著性（$p > 0.05$），表明五次实验评分与 E0 完全相同评分的比例与随机相同评分的比例没有显著性（$p > 0.05$）。虽然 E4 的 p 值小于 0.05，根据 Kappa 的分类标准（Landis & Koch 1977），其 Kappa 值为 0.087，表明几乎没有一致性（Kappa < 0.1），可忽略。

LWK 与 QWK 均是对评分差异进行了加权，仅加权的方式不同。根据 LWK 的统计结果，E3—E6 与 E0 的评分均有显著一致性（$p < 0.001$）。其中，E4 和 E6 与 E0 评分的 Kappa 值在 0.20—0.40 之间，基于 Kappa 的分类标准（Landis & Koch 1977），表示其一致性程度一般；E3 和 E5 与 E0 评分的 Kappa=0.440，表示一致性程度中等（0.4 < Kappa < 0.6）（Landis & Koch 1977）。根据 QWK 统计结果，E3—E6 与 E0 的评分均有显著一致性（$p < 0.001$），其中 E6 与 E0 的评分的

Kappa=0.579，表示一致性程度中等，E3、E4 和 E5 与 E0 评分的 Kappa 值在 0.6—0.8 之间，表示其一致性较强（Landis & Koch 1977）。综合 LWK 和 QWK 的统计结果，E3 和 E5 与 E0 评分的一致性最高，其中 E5 最优。

LWK 对于差异较小的评分与差异较大的评分在一致性上同样重要，只是评分差异的数量对一致性起更大的作用，而 QWK 对较大的评分差异赋予更大的权重，评分差异大对一致性的影响更大（Fleiss & Cohen 1973）。例如，对于一篇 5 分作文，QWK 对于 8 分的评分要比 LWK 给予更大的惩罚，这更符合有序分类变量的一致性检验，因此 QWK 为更多的机器评分研究所采纳（Williamson et al. 2012；Mizumoto & Eguchi 2023；Naismith et al. 2023；Yancey et al. 2023）。

表 6　实验集的一致性检验

	E1—E0	E2—E0	E3—E0	E4—E0	E5—E0	E6—E0
Cohen's Kappa	-0.017 （-0.093—0.058）	-0.032 （-0.088—0.024）	0.032 （-0.060—0.124）	0.087* （-0.023—0.198）	0.033 （-0.062—0.127）	0.020 （-0.084—0.124）
LWK	0.002 （-0.072—0.077）	0.037 （-0.085—0.160）	0.432*** （0.297—0.567）	0.399*** （0.248—0.550）	0.440*** （0.324—0.556）	0.334*** （0.206—0.463）
QWK	0.114 （-0.016—0.245）	0.198 （-0.010—0.406）	0.715*** （0.589—0.840）	0.650*** （0.488—0.811）	0.723*** （0.613—0.833）	0.579*** （0.435—0.724）

注：$^*p < 0.05$，$^{**}p < 0.01$，$^{***}p < 0.001$。

4.4 最优指令测试

综合上述各实验评分的数据分布、相关性、加权 Kappa 检验的结果来看，E5 的评分各方面表现最优，其指令是"最简 + 标准 + 样例"。接着，研究者在测试集中对 E5 的指令进行进一步检验，考察"最简 + 标准 + 样例"指令在不同的数据集中是否仍可获得与 E5 实验时相似的结果。测试集的考官评分表示为 V0，GPT-4 评分表示为 V1。

根据正态性检验结果（见表 7）可见，V0 的评分虽然不符合正态分布（$p < 0.05$），但近似正态分布，V1 的评分符合正态分布特征（$p > 0.05$）。从平均值、标准差、峰度来看，V1 与 V0 评分非常接近。

表 7　测试集的正态性检验

名称	样本量	平均值	标准差	偏度	峰度	Shapiro-Wilk 检验	
						统计量 W 值	p
V0	20	6.550	1.495	0.182	-1.297	0.883	0.020*
V1	20	6.375	1.223	-0.109	-1.079	0.927	0.137

注：$^*p < 0.05$，$^{**}p < 0.01$，$^{***}p < 0.001$。

通过相关性分析（见表 8）可见，V1 与 V0 的评分存在强正向相关性（$r > 0.7$，$p < 0.001$），V1 对 V0 变化的解释力（r^2=0.9032；0.9122）达 81.5% 以上。根据一致性分析，V1 与 V0 评分的一致性程度较高（QWK > 0.7，$p < 0.001$），此结果与 E5 的结果非常相似（LWK=0.440，$p < 0.001$；QWK=0.723，$p < 0.001$）。

表 8　测试集的相关性及一致性分析

	Pearson r	Spearman r	Cohen's Kappa	LWK	QWK
V0—V1	0.903***	0.912***	0.005 （-0.102–0.112）	0.445*** （0.271–0.619）	0.710*** （0.546–0.874）

注：$^*p < 0.05$，$^{**}p < 0.01$，$^{***}p < 0.001$。

综上所述，基于"最简＋标准＋样例"指令（E5）的评分与考官评分的一致性较高，相关性强。由此可见，本研究通过测试集测试检验了基于实验集的实验结果，即"最简＋标准＋样例"为本研究表现最优的指令。

5. 讨论

为了探索 GPT-4 用于小样本量的二语写作评估的潜力，本研究通过设计指令工程，结合样例集，对实验集进行了评分实验，又进一步基于测试集对实验结果进行了测试检验。

5.1 指令工程的作用

基于 E1—E6 的结果，我们发现指令的变化引起了 GPT-4 评分与考官评分一致性的变化，表明指令工程对于使用 GPT-4 评分的重要意义。设计并使用有效的指令，确实能够提升 GPT-4 评分的准确性，这一结果与薛嗣媛和周建设（2024）有关语言指令微调可以显著改善模型性能的观点一致，也与 Yancey et al.（2023）的研究结果相符。

从正态分布检验结果可以看出，GPT-4 的评分整体偏低，平均分均低于考官评分，其中 E3 和 E5 的平均值与 E0 最为接近, 高于 7 分, 但是两者的峰度更大, 分布更加尖耸, 说明分数多集中在平均分周围。这个结果表明 GPT-4 的评分有趋中倾向（the central tendency effect）, 这种趋中的倾向常发生在人工评阅中（McNamara et al. 2019）。

E1 和 E2 的评分与 E0 的一致性较差, 表明二者的指令均不能让 GPT-4 很好地发挥其二语写作评分的潜力。E1 采用最简指令, E2 采用"最简 + 标准"指令, 由于这两个指令所提供的信息量较少, 致使 GPT-4 能够学习的内容较少, 导致评分表现不佳。由此可证明, 指令中包含多少信息量是 GPT-4 生成质量的重要影响因素之一（Yancey et al. 2023）。

E3—E6 实验结果明显优于 E1 和 E2, 可以表明指令中加入样例集在很大程度上提升了 GPT-4 的性能。虽然 E2 的指令在最简指令的基础上增加了评分标准, 但 GPT-4 并未能很好地理解评分标准的内涵, 其生成的评分与最简指令下的评分差别不大。从 E3 实验开始, 每个指令中都增加了样例集的内容, 使 GPT-4 通过学习校标样例, 进一步理解不同分数的作文特征, 从而提升其评分性能。对比 E2 和 E3 的结果可见, 在最简指令的基础上, 仅增加评分标准的效果不如直接让 GPT-4 通过样例集中带有分数等级的样例进行学习, 这表明 GPT-4 学习校标样例的能力比学习评分标准的能力更强。此发现间接证明了 GPT-4 模型自身的特点：GPT-4 是为文本生成任务而设计, 且基于大量文本数据进行预训练, 这意味着它在理解和模仿特定文本风格、语言特征方面具有天然优势。评分标准往往比具体的文本更具抽象性和模糊性, 而校标样例是具体的、被量化的（有分数的文本）, 更符合模型本身的设计特性, 因此更容易被模型理解并据此作出评分判断。若要使模型在理解和应用评分标准方面同样有效, 可能需要额外的训练和调整, 以确保它们能够准确地捕捉和应用这些标准。

总而言之, 本研究中包含样例集的指令可有效改善 GPT-4 的性能, GPT-4 可以通过少量样例进行高效学习, 间接证明了基于 Transformer 架构的 ChatGPT 强大的学习能力（Mizumoto & Eguchi 2023）。这一特性极大地降低了普通大众用户的使用门槛, 并使其能够适应小样本量的环境（如课程教学）, 从而提高教学效率。

GPT-4 在 E5 中的表现优于 E3, 这是因为相比 E3 的指令, E5 的指令中增加了评分标准, 表明清晰的评分标准有助于提高 GPT-4 的评分表现。然而, 评分标准的作用有限。在 E2 中, 没有样例集的情况下, GPT-4 评分表现虽然略微高于 E1 中的表现, 但仍处于较低的水平。当样例集与评分标准强强联合（E5）、正向叠加时, GPT-4 评分表现达到最佳。E5 的指令（最简 + 标准 + 样例）是最贴近人工评分前的培训, 被称作类人化指令。本研究向 GPT-4 发出了类人化指令后，最终获得了与人工评分最接近的评分结果（QWE=0.723）。由此可见，清晰的评分标准联合校标样例的指令在提升 GPT-4 评分性能中的重要作用不容忽视，此结果印证了 Yancey et al.（2023）的研究。

Mizumoto 和 Eguchi（2023）的研究中，在其指令不包含作文校标样例的情况下，GPT-3.5 与人工评分的一致性（QWE=0.388<0.4）高于本研究相似指令情况下（最简 + 标准指令）GPT-4 与人工评分的一致性结果（QWE=0.198）。这个结果在一定程度上表明，在没有校标样例的情况下，GPT-3.5 的评分虽不尽如人意，但并不低于同等情况下的 GPT-4 的评分性能。但这种差异也可能是 Mizumoto 和 Eguchi（2023）研究的样本量较大所致。这也间接证明，在没有校标样例的情况下，仅有明确的评分标准，即使样本量较大，ChatGPT 的评分表现也可能不够理想。

Yancey et al.（2023）基于 CEFR 的等级标准对 10,000 篇作文进行了自动化评分，发现 GPT-4 的评分与人工评分的一致性较高（QWE=0.81），且高于本研究 QWE 的最大值（0.723）。本研究实验基于小样本量（n=39），评分等级多。本研究评分遵照雅思写作任务 2 的评分标准，因此评分实际包含 18 个级别。由于分值范围越大，一致性可能性就越小（张荔、盛越 2015）。本研究的分值范围大于 Yancey 等（2023）的研究，因此人—机评分的一致性低于后者。这两项研究的对比也可间接证明，样本量大且评分等级少的情境在自动化评分的准确性方面更具优势。

梁茂成和文秋芳（2007）指出，评分员间的信度 r 达到 0.7 左右才可以接受，而现实往往难以达到。在本研究的 E3—E6 实验中，人—机评分的相关性 r 均已大于 0.7，测试集更高（$r > 0.9$），说明在有效的指令下，GPT-4 的评分已达到人工水平。Williamson et al.（2012）指出 ETS 的 e-rater 与人工评分的 QWE 应至少达到 0.7 的水平，杨丽萍和辛涛（2021）也提出了相同的标准（QWE ≥ 0.7）。本研究在两种指令情境下（E3 和 E5）的人—机评分 QWE 均大于 0.7，说明 GPT-4 在恰当指令下可达到专业的 AWE 系统的水平。这个结果还表明，GPT-4 在 E3 和 E5 的指令下可以达到较满意的评分效果，可用于低风险的课程教学环境。

5.2 考官评语的影响

对比 E1—E2 与 E3—E6 的结果表明，随着指令信息量增多，模型的性能表现提升。然而，E3—E6 四组中出现了评分的波动。E4 的指令是在 E3 基础上增加了考官评语的信息，E6 的指令是在 E5 的基础上也增加了考官评语的信息。从信息量上看，E4 的指令（最简 + 样例 + 评语）比 E3（最简 + 样例）多，但人—机评分的一致性 QWK

却从 0.715 下降到 0.650；E6 的指令为最繁指令，其人—机评分的一致性 QWK 进一步降低至 0.579。可以看出，考官评语的信息并不能助力 GPT-4 的评分性能提升，反而成为干扰项。

GPT-4 在 E6 中的表现不但低于 E5，而且低于 E4。比较指令发现，E6 的指令相比 E4 不仅增加了考官评语，还增加了评分标准。而从前文 E5 与 E3、E2 的对比分析可知，增加评分标准联合校标例文有助于提升 GPT-4 的性能。由此可以推断，考官评语与评分标准发生了信息冲突，相互干扰，而且其效应大于考官评语与校标例文之间的干扰作用，从而造成 GPT-4 在 E6 中的表现不及在 E4 中的表现。

从以上分析可以推断，考官评语提供的信息与校标例文以及评分标准所蕴含的信息产生偏差，存在信息冲突，反而影响了 GPT-4 对各分数对应作文特征的理解。经过分析发现，考官评语往往是考官只针对作文最显著的若干特征进行的主观评价，并非基于评分标准逐一全面评价，这可能会造成 GPT-4 的误解，以偏概全，进一步导致评分偏差。另外，考官评语与评分标准均为抽象化的语言，而 GPT-4 模型优势在于直接学习理解具体的语言，对于抽象化语言的理解需要更深层的能力。本研究表明，应用 GPT-4 进行评分时，建议尽量不用考官评语作为指令内容。考官评语可能不能充分展现对应作文的特点，反而干扰 GPT-4 对其他有用信息的理解，影响评分。

6. 结论

本研究根据雅思写作任务 2 的评分标准，设计了指令工程，进一步基于样例集、实验集及测试集，探索了 GPT-4 用于小样本量的二语写作的评估能力。研究发现，最简指令附加评分标准的指令，提升 GPT-4 写作评分的作用有限，需进一步与样例集联合使用，形成正向叠加效应。"最简＋标准＋样例"的指令最佳，使人—机评分一致性较强，且具备强相关关系。研究表明"最简＋标准＋样例"的指令可使 GPT-4 写作评分性能达到甚至超过了已有研究的标准（Williamson et al. 2012；杨丽萍、辛涛 2021）。

GPT-4 强大的学习能力在本研究中得到了具体的展现。在没有评分标准，仅为其提供最简指令附加少量校标例文（样例集）（即"最简＋样例"指令）的情况下，GPT-4 的评分表现也可达到比较满意的程度，位居第二。已有研究一般采用特征工程，设置参数的形式，利用大量的数据对模型进行训练，使其具备可用的评分性能。而本研究基于 LLM，无需调整参数，仅通过 16 篇例文进行指令微调，就能达到满意的学习训练效果。这使得教师在教学中易于实践，从而可以在很大程度上助力写作教学。

由于考官评语的主观性与指令中其他内容存在信息冲突，干扰 GPT-4 对指令的理解学习，会拉低 GPT-4 的评分表现，因此在实践中不建议增加例文的主观评价作为指令的内容。

总而言之，本研究考察了 GPT-4 在对雅思写作任务 2 评分的潜力。当明确评分任务，具备清晰的评分标准，并结合少量样例的学习时，GPT-4 即可生成令人较为满意的评分，满足课程教学实践。

但是，本研究也存在一些局限。第一，本研究仅关注了指令的不同信息量问题，对于思维链式的指令（chain-of-thought prompting，简称 CoT）（Wei et al. 2022）并没有研究。未来研究可将本研究的最佳指令与 CoT 指令相结合展开进一步探讨。第二，由于数据来源有限，数据分布不够理想，高分段偏多且数据量不大，难以满足传统机器学习中数据量的比例要求，在一定程度上可能会影响研究结果。未来研究应尽量扩大数据量，并在满足正态分布的情况下进行实验。此外，对于如何通过指令微调的方式提升 GPT-4 对评分标准理解及应用的准确性，还需进一步研究。

参考文献

Attali, Y. & Burstein, J. 2004. *Automated essay scoring with e-rater® v.2.0* [R]. ETS Research Report No. RR-04-45. Princeton, NJ: Educational Testing Service.

Burstein, J., Tetreault, J. & Madnani, N. 2013. The e-rater® automated essay scoring system [A]. In Mark D. Shermis & J. Burstein (eds.). *Handbook of automated essay evaluation: Current applications and new directions* [C]. New York, NY: Routledge / Taylor & Francis Group: 55–67.

Dikli, S. 2006. An overview of automated scoring of essays [J]. *The Journal of Technology, Learning, and Assessment*, 5(1).

Fleiss, J. L. & Cohen, J. 1973. The equivalence of weighted kappa and the intraclass correlation coefficient as measures of reliability [J]. *Educational and Psychological Measurement*, 33(3): 613–619.

Foltz, P. W., Kintsch, W. & Landauer, T. K. 1998. The measurement of textual coherence with latent semantic analysis [J]. *Discourse Processes*, 25(2–3): 285–307.

Foltz, P. W., Laham, D. & Landauer, T. K. 1999. The intelligent essay assessor: Applications to educational technology [J]. *Interactive Multimedia Electronic Journal of Computer-Enhanced Learning*, 1(2): 939–944.

Hackl, V., Müller, A. E., Granitzer, M. & Sailer, M. 2023. Is GPT-4 a reliable rater? Evaluating consistency in GPT-4's text ratings [J]. *Frontiers in Education*, 8.

Kim, Y.-H. 2011. Diagnosing EAP writing ability using the Reduced Reparameterized Unified Model [J]. *Language Testing*, 28(4): 509–541.

Landauer, T. K., Laham, D. & Foltz, P. W. 2003. Automated scoring and annotation of essays with the Intelligent Essay Assessor™[A]. In M. D. Shermis & J. C. Burstein (eds.). *Automated Essay Scoring: A cross-disciplinary perspective* [C]. Mahwah, NJ: Lawrence Erlbaum Associates.

Landis, J. R. & Koch, G. G. 1977. The measurement of observer agreement for categorical data [J]. *Biometrics*, 33(1): 159–174.

Mayer, C. W. F., Ludwig, S. & Brandt, S. 2023. Prompt text classifications with transformer models! An exemplary introduction to prompt-based learning with large language models [J]. *Journal of Research on Technology in Education*, 55(1): 125–141.

McNamara, T., Knoch, U. & Fan, J. 2019. *Fairness, justice, and language assessment* [M]. Oxford University Press.

Mizumoto, A. & Eguchi, M. 2023. Exploring the potential of using an AI language model for automated essay scoring [J]. *Research Methods in Applied Linguistics*, 2(2): 100050.

Naismith, B., Mulcaire, P. & Burstein, J. 2023. Automated evaluation of written discourse coherence using GPT-4 [C]. Proceedings of the 18th Workshop on Innovative Use of NLP for Building Educational Applications (BEA 2023), Toronto, Canada.

Shermis, M. D. & Burstein, J. 2013. *Handbook of automated essay evaluation: Current applications and new directions* [M]. New York, NY: Routledge/Taylor & Francis Group.

Wei, J., Wang, X., Schuurmans, D., et al. 2022. Chain-of-thought prompting elicits reasoning in large language models [J]. *Advances in Neural Information Processing Systems*, 35: 24824—24837.

Williamson, D. M., Xi, X. & Breyer, F. J. 2012. A Framework for evaluation and use of automated scoring [J]. *Educational Measurement: Issues and Practice*, 31(1): 2–13.

Yancey, K., LaFlair, G. T., Verardi, A., et al. 2023. Rating Short L2 Essays on the CEFR Scale with GPT-4 [C]. Workshop on the 18th Innovative Use of NLP for Building Educational Applications (BEA 2023), Toronto, Canada.

车万翔, 窦志成, 冯岩松, 等. 2023. 大模型时代的自然语言处理：挑战、机遇与发展 [J]. 中国科学：信息科学, (9): 1645–1687.

郝博文, 柳溢菲, 李立耀, 等. 2024. 基于多模态推荐指令的大语言模型指令微调 [J]. 北京邮电大学学报, (4): 36–43.

蓝江. 2023. 生成式人工智能与人文社会科学的历史使命——从 ChatGPT 智能革命谈起 [J]. 思想理论教育, (4): 12–18.

梁茂成, 文秋芳. 2007. 国外作文自动评分系统评述及启示 [J]. 外语电化教学, (5): 18–24.

陆伟,汪磊,程齐凯,等.2024.数智赋能信息资源管理新路径:指令工程的概念、内涵和发展 [J].
　　图书情报知识,(1): 6–11.

沈超.2023.ChatGPT: 助力高等教育变革与创新型人才培养 [J]. 国家教育行政学院学报,(3):
　　13–16.

王天恩.2023.ChatGPT 的特性、教育意义及其问题应对 [J]. 思想理论教育,(4): 19–25.

文秋芳,梁茂成.2024.人机互动协商能力:ChatGPT 与外语教育 [J]. 外语教学与研究,(2):
　　286–296.

薛嗣媛,周建设.2024.大语言模型在汉语写作智能评估中的应用研究 [J]. 昆明学院学报,(2):
　　10–22.

杨丽萍,辛涛.2021.人工智能辅助能力测量:写作自动化评分研究的核心问题 [J]. 现代远程教
　　育研究,(4): 51–62.

张洁.2009.评分过程与评分员信念—评分员差异的内在因素研究 [D]. 广州:广东外语外贸大学.

张荔,盛越.2015.自动作文评阅系统反馈效果个案研究 [J]. 外语电化教学,(3): 38–44.

作者简介

董艳云,语言与计算机交叉学科博士,西安交通大学外国语学院副教授,硕士生导师。主要研
　　究方向为语言诊断与测评、外语教学。电子邮箱:maggiedong@mail.xjtu.edu.cn

祁昕阳,西安交通大学电气工程学院硕士研究生,主修电气工程,辅修英语。电子邮箱:
　　xinyang_qi@163.com

马晓梅,西安交通大学外国语学院教授,博士生导师。主要研究方向为语言诊断与测评、二语
　　习得、外语教学。电子邮箱:xiaomei@xjtu.edu.cn

Exploration of automated L2 writing evaluation based on GPT-4 —— Taking IELTS Writing Task 2 as an example

DONG Yanyun, QI Xinyang & MA Xiaomei

Abstract: This study aims to explore the assessment capability of GPT-4 for small-sample L2 writing. Taking IELTS Writing Task 2 as an example, this research employs "prompt engineering" strategy and designs 6 distinct prompts. By examining data distribution, inter-rater correlation, and inter-rater agreement, this study analyzes the scoring performance of GPT-4 under different prompt windows. It is found that the "minimal + criteria + examples" prompt yields the best results, which is further verified on the test set. Under the optimal prompt, GPT-4's scoring shows strong consistency with the examiner's scores and exhibits a strong correlation. Additionally, an information discrepancy was found between the examiner's comments and the scoring criteria and calibration examples. The examiner's comments would potentially undermine GPT-4's assessment capabilities, so it is not recommended to include them into the prompts. This study aspires to contribute empirical insights into the practical application of GPT-4 for writing evaluation in educational settings, offering a foundation for further exploration and implementation in classroom contexts.

Keywords: GPT-4; IELTS Writing Task 2; automated writing evaluation; inter-rater agreement

提高学生写作反馈素养：
在线同伴互评和生成式 AI 反馈的影响 *

武永　李思莹　冀娇娇

北京邮电大学

提　要：学生写作反馈素养是影响写作反馈效果的关键因素，然而，关于如何提高学生写作反馈素养的教学实证研究较少。在线同伴互评和生成式 AI 反馈已被广泛用于写作教学，但鲜见研究关注这两种反馈对学生反馈素养的影响。本研究对比了在线同伴互评和生成式 AI 反馈对学生写作反馈素养的影响。研究发现，同伴组和 AI 组学生在认可反馈、作出判断和采取行动这三个维度均有显著进步；和 AI 反馈相比，在线同伴互评对学生情感管理能力的影响更大。以上发现对于培养学生写作反馈素养、提高写作教学效果有重要参考意义。

关键词：在线同伴互评；AI 反馈；学生反馈素养

1. 引言

反馈是写作教学的重要手段，不仅能帮助学生了解自己写作中的优点和不足，还能为修改作文提供建议，对学生提高写作能力有重要作用。写作教学中常用的反馈方法有教师反馈、同伴互评、作文自动评阅系统提供的反馈和基于大语言模型的生成式 AI 反馈（如 ChatGPT，以下简称"AI 反馈"），目前关于前三种反馈的研究较丰富。自生成式 AI 问世以来，虽然基于 AI 反馈的写作教学研究逐年增加，但探讨 AI 反馈对学生写作反馈素养影响的研究仍然较少。学生写作反馈素养包含学生的写作反馈知识、反馈能力和对反馈的态度三个方面，对学生写作能力发展至关重要。本研究将对比在线同伴互评和 AI 反馈对学生写作反馈素养的影响，探讨培养学生写作反馈素养的有效路径，为在写作教学中培养学生反馈素养、提高写作教学实效提供参考。

* 本文系国家社会科学基金项目"高校英语学习者反馈素养评价指标体系构建及应用研究"（项目编号：23BYY154）的阶段性成果。衷心感谢《语言测试与评价》编辑部及匿名审稿专家的指导和建议。

2. 文献回顾

2.1 学生写作反馈素养

2012 年英国学者 Sutton（2012）首次提出"反馈素养"这一概念。虽然此后的十年间学界对学生反馈素养的概念有不同定义，但都认可学生反馈素养包含反馈知识、反馈能力和反馈情感态度三个方面的内容（Carless & Boud 2018；Molloy et al. 2020）。由于不同学科或学习情境对学生反馈素养有不同要求，因此学生反馈素养研究开始细化到具体学科或学习情境（董哲、高瑛 2022），以更有效地帮助教师设计教学干预活动，提高学生反馈素养。例如，Winstone et al.（2020）构建了一个学生反馈素养框架，旨在培养学生在未来就业中对任务和客户需求的响应能力、对专业实践的反思与评估能力、作出改进的能力、支持他人学习和发展的能力等。该框架能指导教师在教学中将学生反馈素养培养和具体学科教学相结合，帮助学生为求职和工作做准备。

具体到写作教学领域，学者们围绕写作反馈素养的具体组成要素展开探讨。例如，Li & Han（2022）认为学生写作反馈素养包含认知（如主体知识、语言知识、语用能力等）和社会情感（如对反馈的态度）两方面的素养。Yu et al.（2022）认为学生二语写作反馈素养包括五个维度：认可反馈的价值、认可不同反馈来源、作出判断、管理情感和采取行动。董哲和高瑛（2023）认为学生二语写作同伴反馈素养包括四个维度：提供反馈的态度、接受反馈的态度、提供反馈的能力和采纳反馈的能力。Zhang et al.（2024）聚焦作文评阅人的反馈素养，对 844 名中学生提供的同伴反馈（包括评分和评语）进行相关分析、多维尺度分析和聚类分析，发现在同伴互评中，学生作为作文评阅人的反馈素养包含五个维度：评分准确性、反馈数量、反馈质量、反馈内容和反馈过程。

2.2 同伴互评和 AI 反馈对学生写作反馈素养的影响

写作教学中常用的同伴互评和 AI 反馈涉及学生寻求反馈、提供反馈和接受反馈等多个方面的能力，对学生写作反馈素养的培养有积极推动作用。近年来，学界开始关注这两种反馈对学生写作反馈素养的影响。Man et al.（2022）发现同伴互评培训能提高学生对互评价值的认可，增加学生在互评中的投入（如积极参与互评、从互评中学习），提升他们的情绪控制能力。Zhang & Mao（2023）发现，通过写前准备、同伴反馈和教师反馈等一系列教学活动，学生在寻求反馈、作出判断、采取行动、认可反馈和管理情感方面均有进步。Zhang et al.（2023b）发现，在同伴互评中，学生通过认知投入（如评价和反思）、行为投入（如修改）和情感投入（如认可同伴反馈）提高了写作反馈素养。Zhang et al.（2023a）发现将同伴反馈、机器反馈（即作文自动评阅）和教师反馈结合使用后，学生对写作反馈价值的认可和情感管理能力均有提高，但是作出判断和采取行动这两个方面未见显著进步。武永和任佩玲（2024）对比了在线同伴互评和教师反馈对学生写作反馈素养的影响，发现互评能提高学生处理反馈、提供内容修改建议、解释内容相关问题和调控学习的能力。

为了解 AI 反馈对学生反馈素养的影响，Rad et al.（2023）对比了 AI 工具支持的写作教学模式（实验组）和基于教师反馈或同伴反馈的传统写作教学模式（控制组）对学生写作反馈素养的影响。该研究发现实验组在写作后测中的表现优于控制组，其写作反馈素养提升也更快。在 Lu et al.（2024）的研究中，46 名本科生同时收到教师反馈和 AI 反馈。研究者通过对比教师和 AI 对学生摘要写作的评分、评语数量和评语类型，发现教师和 AI 评分的一致性较好。然而，这两种反馈在数量和类型上存在显著差异。

虽然以上研究为进一步发挥不同反馈在写作教学中的作用提供了新视角，但对比在线同伴互评和 AI 反馈的研究依然较少。技术支持的反馈能提高学生的写作反馈素养（Yu & Liu 2021），对比在线同伴互评和 AI 反馈对学生反馈素养的影响，能为优化这两种反馈在教学中的应用提供具体建议。鉴于此，本研究将采用问卷调查和访谈法收集数据，对比在线同伴互评和 AI 反馈对大学生二语写作反馈素养的影响，探讨如何有效提高学生的写作反馈素养，为教师开展旨在培养学生反馈素养的二语写作教学提供实证支持。本研究的具体问题是：

1）在线同伴互评和 AI 反馈对学生写作反馈素养的影响如何？

2）学生对在线同伴互评和 AI 反馈的看法如何？

3. 研究设计

3.1 研究对象

研究者在北京某理工类高校进行了为期 16 周的教学研究，研究对象为英语专业二年级思辨写作课的两个自然班，共 44 名学生（37 名女生和 7 名男生），平均年龄为 20 岁。学生的英语语言能力大约相当于《中国英语能力等级量表》六级水平。在此之前，这些学生已学习了两门英语写作必修课，并有同伴互评和 AI 反馈的经历。但是，学生从未使用在线互评系统进行互评，也没有匿名互评的经历。

为比较两个班学生的写作水平，2 名英语教师对学生学期初的课堂限时作文进行了评分。研究者对两个班的作文评分进行了独立样本 t 检验，发现两个班的写作水平没有显著差异 [t（42）= 0.92，$p > 0.05$]。两个班被随机分为在线同伴互评组（23 人，以下简称"同伴组"）和 AI 反馈组（21 人，以下简称"AI 组"）。

3.2 研究过程

教师在课堂上主要讲授议论文的写作技巧。学生需要根据教师给定的三个不同题目完成三次课后写作任务，每次任务需在两周内完成。两个班由同一教师授课，授课内容和进度、作业数量和要求等均相同，唯一的区别在于两个班的写作反馈方式不同。同伴组在 Peerceptiv 同伴互评系统上提交作业并完成互评。Peerceptiv 是由匹兹堡大学研发的在线同伴互评系统，其自动分组、匿名互评、嵌入结构化评价标准和回评等功能可提高同伴互评的质量和效率，被广泛用于写作教学（Wu & Schunn 2020，2023）。作者提交作文后，系统自动将每篇作文发给 3 名同伴匿名互评，即每位学生需评价 3 篇作文，同时会收到 3 名同伴的反馈。收到反馈后，学生修改作文并在系统上提交修改稿。AI 组完成初稿后，自选 AI 工具（如文心一言、ChatGPT、LanguageTool、QuillBot、Grammarly、Copilot 等）获取反馈，然后修改作文，并将修改稿提交给授课教师。由于 AI 工具各具特色，学生对 AI 工具的偏好也不尽相同，因此教师未要求学生使用某一特定的 AI 工具。

学期初，授课教师在两个班都讲解了议论文的评价标准。由于同伴组的学生没有在线互评和匿名互评的经历，因此教师在该组进行了互评培训。教师通过分析范文和该范文收到的同伴反馈，向学生展示如何在互评系统上依据评价标准提供高质量反馈。由于 AI 组的学生都有 AI 反馈经历，因此教师没有进行 AI 反馈培训。两组在反馈培训上的差异可能会影响研究结果。本研究采用 Paulus（1999）提供的作文评价标准，包含六个维度：结构、论证、衔接连贯、句子、词汇和写作规范。

3.3 数据收集与分析

学生在学期初和学期末各填写了一份学生写作反馈素养问卷，这两份问卷的内容完全一样。为避免第一次问卷调查对第二次问卷调查的影响，研究者对题项顺序进行了微调。本研究使用 Yu et al.（2022）的学生二语写作反馈素养问卷，该问卷包括五个维度（认可反馈价值、认可不同反馈来源、作出判断、管理情感、采取行动）共28 个题项。在本研究中，由于每组学生只使用一种反馈模式，因此问卷删除"认可不同反馈来源"这一维度，剩余四个维度，共 23 个题项。为避免"趋中反应"和思维定式，本研究采用李克特六级量表（1 = 完全不同意，6 = 完全同意），并设置了 4 个反选题，问卷的克隆巴赫系数为 0.94。

本研究的数据为重复测量追踪数据，故研究者采用混合线性模型分析两种反馈对学生写作反馈素养的影响，使用 SPSS 29 软件和 R 语言（4.2.3 版本）分析数据。首先计算每个维度的均值（该维度下题项的总分 / 题项数），然后计算同伴组和 AI 组整体的均值和标准差（见表 1），最后以反馈（在线同伴互评和 AI 反馈）、时间（学期初和学期末）及两者的交互项为自变量，学生写作反馈素养四个维度的均值为因变量，使用 R 语言中的 nlme 程序包进行混合线性模型分析。从最简单的随机截距模型开始，依次加入自变量，通过 ANOVA 函数对比不同模型，选出最优模型，随后进一步查看是否需要增加随机斜率。通过对混合线性模型进行假设检验，发现四个模型的残差都分布均匀，因变量未违反方差齐性假设。

表 1 学生写作反馈素养水平描述

维度	同伴组		AI 组	
	学期初	学期末	学期初	学期末
	Mean (SD)	Mean (SD)	Mean (SD)	Mean (SD)
认可反馈	4.96 (.52)	5.30 (.58)	5.07 (.55)	5.20 (.53)
作出判断	4.78 (.43)	5.26 (.48)	4.89 (.52)	5.13 (.49)
管理情感	4.53 (.61)	5.09 (.54)	4.97 (.66)	5.11 (.58)
采取行动	4.47 (.55)	4.95 (.61)	4.78 (.64)	4.96 (.61)

为了解学生对在线互评和 AI 反馈的看法，研究者在每个班随机选择 4 名学生进行焦点小组访谈。这两次访谈均于学期末在线上进行，每次访谈时间约 70 分钟。研究者使用语音识别软件，将语音转写成文字，然后进行人工核对，最后使用 NVivo 12 软件对访谈数据进行内容分析。首先，标注和学生写作反馈素养相关的内容，并概括其主题。然后根据学生写作反馈素养的不同维度，对第一步标注的主题进行分类。两名研究者对访谈数据进行了标注，一致率达到 89%；遇到意见不一的标注时，双方通过讨论达成一致。

4. 研究结果和讨论

4.1 在线同伴互评和 AI 反馈对学生写作反馈素养的影响

研究者共收回 44 份有效问卷，同伴组 23 份，AI 组 21 份，问卷中无缺失值。

为了解两种反馈对学生写作反馈素养的影响，研究者进行了混合线性模型分析，通过 ANOVA 函数对比不同模型，最后得到四个最优模型。这四个模型都包含学生的随机截距，也就是四个因变量学期初的均值在所有被试之间的个体差异，同时将反馈和时间作为固定因素。数据分析结果显示，时间这一变量在四个模型中均显著。这说明到学期末，两组学生在四个维度的反馈素养均高于学期初（见表 2）。但是，在模型 1、2、4 中，反馈和交互项均不显著，这说明两组学生在认可反馈、作出判断和采取行动这三个维度的进步没有显著差异。在模型 3 中，反馈和时间的交互项显著，说明两组学生在管理情感方面的进步有显著差异。研究者进一步对比了学期初和学期末两组学生在情感管理方面的差异，发现同伴组在学期末有显著进步（$p < 0.001$，该 p 值已经过 Bonferroni 校正），但 AI 组没有显著进步（$p = 0.29$），这说明互评对学生情感管理能力的影响更大（见图 1）。总体而言，互评和 AI 反馈对学生认可反馈、作出判断和采取行动能力的影响没有显著差异；与 AI 反馈相比，互评对学生情感管理能力的影响更大。由于本研究对同一数据集进行了 4 次统计分析，因此研究者对 p 值进行了 Bonferroni 校正，校正后的 p 值为 0.0125（0.05/4）。按照这一标准，模型 3 中的交互项不显著（$p = 0.03$）。本研究是探索性研究，尽管在严格校正后，模型 3 中的交

表 2　混合线性模型：两种反馈对学生写作反馈素养的影响

	因变量											
	模型 1 认可反馈			模型 2 作出判断			模型 3 管理情感			模型 4 采取行动		
自变量	系数（标准误）	t 值	P 值	系数（标准误）	t 值	P 值	系数（标准误）	t 值	P 值	系数（标准误）	t 值	P 值
常量	4.96 (0.11)	43.50	<0.001	4.78 (0.10)	47.95	<0.001	4.54 (0.12)	36.38	<0.001	4.47 (0.13)	35.52	<0.001
反馈	0.12 (0.16)	0.70	0.49	0.10 (0.14)	0.71	0.48	0.43 (0.18)	2.39	0.02	0.31 (0.18)	1.71	0.10
时间	0.34 (0.09)	3.74	<0.001	0.48 (0.10)	5.00	<0.001	0.55 (0.13)	4.37	<0.001	0.48 (0.12)	4.01	<0.001
交互项：反馈 时间 *	-0.21 (0.13)	-1.57	0.12	-0.23 (0.14)	-1.66	0.10	-0.41 (0.18)	-2.23	0.03	-0.30 (0.17)	-1.72	0.09

注：反馈包括在线同伴互评和 AI 反馈；时间是指学期初和学期末。

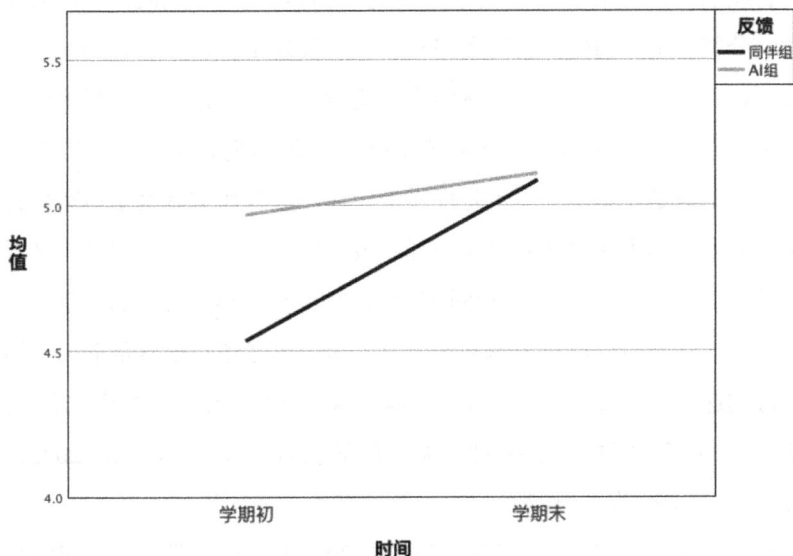

图 1　反馈和时间在管理情感维度上的交互效应

互项未达显著性水平，但其潜在影响仍值得进一步探讨，将来的研究可通过扩大样本量或优化实验设计加以验证。

Rad et al.（2023）发现 AI 反馈比人工反馈（教师或同伴反馈）更能提高学生的写作反馈素养，本研究的发现与之不同。有两个原因可能导致这种差异。首先，两个研究使用的人工反馈不同。在本研究中，学生在学期初接受了互评培训，在每次作业中，学生使用在线同伴互评系统进行多人小组匿名互评，这些活动能提高同伴反馈的质量（高瑛、刘杭松 2021；武永、任佩玲 2024）。在 Rad et al.（2023）的研究中，虽然学生收到教师或同伴反馈，但该研究未提及互评培训，只提到了告诉学生如何使用 AI 工具完成作文（包括提交作业、收到 AI 反馈并修改作文）。其次，Rad et al.（2023）将学生写作反馈素养作为整体分析，而本研究考察学生写作反馈素养的不同维度，整体分析和分项分析可能会得到不同的结果，将来的研究可对两种分析方法进行对比。

4.2 学生对在线同伴互评和 AI 反馈的看法

4.2.1 认可反馈

认可反馈指学生认可反馈的价值，将反馈作为学习的机会。混合线性模型分析显示两组学生在认可反馈维度均有显著进步，且两组之间的进步无显著差异。访谈结果与线性混合模型分析的结果一致。同伴组的受访者均认可在线同伴互评的优势：反馈有针对性、分类清楚、明确指出优点和不足、修改方便。学生 Z 认为："同伴反馈的分类比较明确，比如同伴会给我文章结构、逻辑、论点、论据，还有单词和语法方面的建议，这个分类是很明确的，这样我就很容易知道哪里有问题，应该怎么去改进。"在互评中，学生既是反馈接受者也是提供者，评阅他人作文有助于拓宽视野、反思自己作文中的问题。学生 T 认为："可以通过发现对方的问题，再回过头来看自己有没有相似的问题。"学生 B 说："在评同学作文时，我会想到自己的文章，比如这个视角很好，我自己写的时候没有考虑到这个点，这个思考还是很有帮助的。第一次作文我没有考虑到这个点，第二次写作时也会借鉴这一视角，让自己的作文有一点创新。"以往研究也发现互评能提高学生对反馈价值的认可（如 Man et al. 2022；Zhang & Mao 2023），而这种认可与同伴反馈的质量有关，互评培训和互评模式都会影响互评质量（Wu & Schunn 2020；高瑛、刘杭松 2021）。在本研究中，同伴组接受了互评反馈培训，教师结合具体例子讲解了评价标准，以及如何依据标准有重点、按步骤开展互评。此外，通过收到 3 名同伴的反馈并为 3 篇作文提供反馈，学生不仅深化了对评价标准的理解，还在实践中掌握了修改技巧。

和同伴组一样，AI 组对反馈价值的认可也有提升。AI 组的受访者认为 AI 反馈主要有以下优势。第一，能提供个性化反馈。学生认为 AI 能针对问题提供具体的回答，满足自己的需求。如学生 G 说："你给它一些比较具体的问题，它会给你更具体的答案，个性化很强。"第二，能整合海量信息，迅速回答问题，激发灵感。学生 L 说："我认为它更多是一个辅助型工具，而且有一个全面的视角。我作为个体写这篇文章，观点会有局限性。但是 AI 是一个整合型工具，它在网上搜索了很多观点，能帮助我跳脱自己固有的写作模式，给我其他的角度、思路和建议。这个思路上的转变对我来说是最重要的。"第三，有交互性。学生 W 说："我向 AI 问一个问题，会一直问到我想要的结果。我感觉这个时候，有那种相互交流的感觉。通过交流，我也有了更多想法，也可能会改动原来的想法，我很享受这种不断探讨的过程。"第四，有语言优势。学生 G 说："就语法、词汇这些问题而言，我觉得用 AI 应该是完全没问题的。AI 在语言方面的认知是超过我们的。"

4.2.2 作出判断

作出判断指学生能够依据评价标准评价自己和他人的作文、判断反馈的有效性。两组学生在这一维度上均有提升，且两组之间的进步没有显著差异，这一发现与以往的研究发现一致（如 Lu et al. 2024；Wu & Schunn 2023；Zhang & Mao 2023）。

两组学生都认为收到他人反馈时应慎思明辨。同伴组的学生 D 说："我们每次都会收到三位同学在多个方面的反馈建议。我觉得不能全盘接受所有同学指出的所有问题，要对比不同反馈，要批判思考。我每次在收到同学反馈后，都会对他们说的问题进行思考和查询，看这些问题是否确实存在，或者说他们的依据是不是合理的。"AI 组的学生 L 也表示："我需要注意的是要有我自己的批判思维，不全盘接受 AI 给我的建议。对于它提供的论据，我会进行查询和编辑，在写作过程中保有自己的看法，不会完全被 AI 带偏或者被 AI 带上另一条论证思路。我觉得这种批判思维能让我正确地使用 AI。"学生 H 说："AI 经常说我的论证不足，它会举很多例子供我参考，但实际上是它伪造的。我去网上搜，常常搜不到。所以对 AI 给的很多信息，我还要二次验证。"学生在收到同伴反馈或 AI 反馈时不会全盘接受，而是通过质疑和验证，客观评价其合理性。对他人反馈（同伴或 AI）的批判态度有助于培养学生的评价判断能力。

除了收到反馈，同伴组还要依据评价标准逐条撰写评语，如观点是否清晰、论据是否充分且相关等，清晰的评价标准能帮助学生聚焦写作中的核心问题。学生 T 认为："其实我刚开始接触这个在线互评的时候，我不知道该怎么弄，我有时候甚至觉得，大家的作文好像没有什么可以挑剔的。后面慢慢对别人的文章进一步挖掘，我发现评作文不能那么笼统，还是要分类去看。在这几次互评中，我按照评价标准，先抓住几个关键点，先看整体，把那些关键点抓住之后，再去看局部的细节。我在互评的时候比较关注结构、论证和连贯，这样逐步提升了对于文章整体结构和内容的分析能力。"依据评价标准，从多个角度评价同伴作文，并提供修改建议，也能培养学生的评价判断能力（武永、任佩玲 2024）。

此外，AI 组的受访者还指出 AI 反馈能提高自己的问题意识。学生 W 说："我感觉 AI 有一个很大的帮助，就是我自己在写作的时候有问题意识了。我会不断问自己，这个地方这样写好不好。这样的话，我的写作就会更加全面、更具批判性。"与同伴互评不同，AI 组的学生需先判断自己作文中的问题，然后再针对问题寻求反馈。由于识别自己作文中的问题比发现别人作文中的问题更难，因此学生需要站在作者和读者的立场，不断审读、评价自己的作文和 AI 反馈。这一过程能提高学生的评价判断能力（Lu et al. 2024）。

4.2.3 管理情感

管理情感指收到和提供反馈时保持稳定情绪，能平和地与他人交流。混合线性模型分析显示，同伴互评比 AI 反馈对学生的情感管理能力影响更大。访谈数据分析结果和混合线性模型分析结果一致。同伴组的学生 D 指出："别人的评价有好有坏，有时候也很难避免有情绪。我在收到别人表扬的时候，会思考如何在喜悦之后，进一步证实自己是否真的一点问题都没有。这个很重要。在同伴指出我的不足时，我也不能觉得他说得没有道理，就觉得我自己写得最好，不能有这种观念。我们还是要把自己从那种比较主观的情绪中抽离出来，哪怕不能做到100%，但是得尽量理性地去看待。"这说明学生意识到，无论是收到表扬还是批评，都要保持客观理性的态度。这样的情感管理能力有助于学生充分利用反馈提升学习效果。

还有学生表示互评使自己更加包容。学生 T 说："我们要以更加包容的心态去接受别人对自己的评价。有时候我自己觉得，同学给我的某些评价没有什么用。但其实后面再看，会发现他们说得有道理。"这说明同伴互评能培养学生对反馈的包容性，促使学生以发展的眼光看问题。这一发现与以往研究发现一致（如武永、任佩玲 2024；Zhang et al. 2023b），学生对反馈的开放态度有助于他们通过反思不断提高写作能力。

除了收到反馈，学生在提供批评反馈时也会顾及同伴的情绪，通常会先表扬，后指出问题。学生 B 说："这也是说话的艺术。在这学期的互评中，除了评价同学的文章，我还学会了在说话时尽可能考虑别人的心情。互评让我有双方面的成长。"这说明同伴互评能提高学生在收到和提供反馈时的情感管理能力。这样的能力有助于建立和谐的氛围，提高反馈的利用率（Wu & Schunn 2020）。

AI 组在管理情感维度没有显著提高，可能是因为 AI 反馈以肯定为主，很少引起学生的负面情绪。如学生 W 说："每次我问 AI，它都会先肯定我，然后再提出建议，从情感上来讲，我觉得 AI 给的情绪价值很高。"这一发现与 Lu et al.（2024）的发现不同。他们发现 AI 反馈缺乏情感表达，其中的表扬明显少于教师反馈。这可能和被试使用的 AI 工具以及提问的方法不同有关。未来的研究可比较不同 AI 工具反馈的差异以及不同提问方式对反馈内容的影响。另一个原因可能是学生知道自己是在与机器交流，而机器本身没有情感和偏见，因此机器生成的反馈不会像人工反馈那样引发学生的情绪波动。

4.2.4 采取行动

采取行动指学生能利用反馈改进自己的学习，如利用反馈修改自己的作文、调整自己的学习目标和观念。两组学生在采取行动维度均有显著进步，且两组之间的进步没有显著差异。这一发现与武永和任佩玲（2024）的研究发现一致，即互评能促使学生根据反馈调控自己的学习。学生 T 说："其实我以前写作文的时候不太在乎论据、论证、逻辑、连贯。我以前更偏重把辞藻堆砌得非常华丽。通过这学期的互评，我逐渐明白了，写作首先是要把一个事情讲清楚，然后再说其他。"学生通过互评认识到思辨写作的核心是观点表达，而非追求华丽辞藻。这一观念的转变会促使学生将写作重点放在论据、论证、逻辑、连贯等宏观层面，提高写作的逻辑性和条理性。学生 D 说："我之前拿到一个新作文题目时，会花大量时间思考有哪些分论点，感觉很难找到一个可论证的好分论点。通过这个学期的互评，我明白了观点源于思考，我以后会在日常生活中有意识地增加深度思考。"通过同伴互评，学生认识到需要刻意练习深度思考，这样碰到一个话题才有话可说。这说明学生在互评中，能基于发现的问题反思和改进自己的学习方法。

学生在访谈中也指出了 AI 反馈的积极影响。学生 H 说："我之前完成一篇作文很慢，前期构思和纠结的时间很多。但是有了 AI 的帮助，我写初稿的时候更加大胆，甚至有时在论证的时候，我会尝试多种论证方式，然后交给 AI 去评价。这样我前期纠结的时间大大减少，AI 这个帮手极大提高了我的效率。"这一发现与 Rad et al.（2023）的发现相似，即 AI 能减少写作焦虑，学生不再担心犯错误或写得不好，从而能更加自由地表达思想。这不仅能提升学生写作的效率，也能提高他们修改作文的积极性。

5. 结论

本研究对比了在线同伴互评和生成式 AI 反馈对学生二语写作反馈素养的影响，学生在 Peerceptiv 在线同伴互评系统上进行互评，从生成式 AI 系统获取 AI 反馈。研究发现：1）同伴组和 AI 组在认可反馈、作出判断和采取行动这三个维度均有显著提高，且两组在这三个维度的进步没有显著差异；2）互评比 AI 反馈对学生的情感管理能力影响更大。基于这些发现，本研究建议将在线同伴互评和 AI 反馈结合使用，可在同一写作任务中同时使用这两种反馈，也可在不同写作任务中交替使用这两种反馈。在使用前，教师应先结合评价标准和具体实例对学生进行互评和 AI 反馈培训，将培训作为写作教学的一部分，帮助学生了解两种反馈的优点、不足和使用方法，提高写作教学实效。此外，教师可以针对学生反馈素养的不同维度设计具体、有针对性的教学活动，切实提高学生的写作反馈素养。例如，为提高学生的判断能力，教师可从同伴互评和 AI 反馈中选取针对同类问题的不同反馈，让学生判断反馈的有效性。为提高学生在收到反馈后的行动能力，教师可选择学生作文中的高频问题，让学生提出解决问题的具体方法。就认可反馈和管理情感而言，可对比学生的原稿和修改稿，展示反馈和修改的积极作用；也可邀请表现突出的学生分享自己在反馈中的收获、反思和经验，供其他学生借鉴。

本研究还存在一定局限性。第一，由于没有分析反馈内容和作文修改，所以缺乏对学生反馈素养的深入探讨，如学生如何作出判断、采取了哪些行动。将来的研究可分析学生提供、寻求和收到的反馈以及他们的修改稿，与问卷和访谈数据结合，从而更加深入、全面地探讨不同反馈对学生写作反馈素养的影响。第二，同伴组接受了在线同伴互评培训，AI 组未接受 AI 反馈培训，这可能会导致两组收到的反馈质量有差异。将来的研究可对两组都进行反馈培训，以确保两组研究条件的一致性。第三，本研究没有控制组，只对比了互评和 AI 反馈的影响。如加入不接受任何反馈的控制组，则能更好地了解不同反馈对学生写作反馈素养的影响。

参考文献

Carless, D. & Boud, D. 2018. The development of student feedback literacy: Enabling uptake of feedback [J]. *Assessment & Evaluation in Higher Education*, 43(8): 1315–1325.

Li, F. & Han, Y. 2022. Student feedback literacy in L2 disciplinary writing: Insights from international graduate students at a UK university [J]. *Assessment & Evaluation in Higher Education*, 47(2): 198–212.

Lu, Q., Yao, Y., Xiao, L. et al. 2024. Can ChatGPT effectively complement teacher assessment of undergraduate students' academic writing? [J]. *Assessment & Evaluation in Higher Education*, 49(8): 616–633.

Man, D., Bei-Bei, K. & Chau, M. H. 2022. Developing student feedback literacy through peer review training [J]. *RELC Journal*. https://doi.org/10.1177/00336882221078380.

Molloy, E., Boud, D. & Henderson, M. 2020. Developing a learning-centred framework for feedback literacy [J]. *Assessment & Evaluation in Higher Education*, 45(4): 527–540.

Paulus, T. M. 1999. The effect of peer and teacher feedback on student writing [J]. *Journal of*

Second Language Writing, 8(3): 265–289.

Rad, H. S., Alipour, R. & Jafapour, A. 2023. Using artificial intelligence to foster students' writing feedback literacy, engagement, and outcome: A case of Wordtune application [J]. *Interactive Learning Environments*, 1–21.

Sutton, P. 2012. Conceptualizing feedback literacy: Knowing, being, and acting [J]. *Innovations in Education and Teaching International*, 49(1): 31–40.

Winstone, N. E., Balloo, K. & Carless, D. 2020. Discipline-specific feedback literacies: A framework for curriculum design [J]. *Higher Education*, 83(1): 57–77.

Wu, Y. & Schunn, C. D. 2020. From feedback to revisions: Effects of feedback features and perceptions [J]. *Contemporary Educational Psychology*, 60: 101826.

Wu, Y. & Schunn, C. D. 2023. Assessor writing performance on peer feedback: Exploring the relation between assessor writing performance, problem identification accuracy, and helpfulness of peer feedback [J]. *Journal of Educational Psychology*, 115 (1): 118–142.

Yu, S. & Liu, C. 2021. Improving student feedback literacy in academic writing: An evidence-based framework [J]. *Assessing Writing*, 48: 100525.

Yu, S., Zhang, E. D. & Liu, C. 2022. Assessing L2 student writing feedback literacy: A scale development and validation study [J]. *Assessing Writing*, 53: 100643.

Zhang, E. D., Liu, C. & Yu, S. 2023a. The impact of a feedback intervention on university students' second language writing feedback literacy [J]. *Innovations in Education and Teaching International*, 61(3): 426–442.

Zhang, F., Min, H.-T., He, P., et al. 2023b. Understanding EFL students' feedback literacy development in academic writing: A longitudinal case study [J]. *Assessing Writing*, 58: 100770.

Zhang, T., & Mao, Z. 2023. Exploring the development of student feedback literacy in the second language writing classroom [J]. *Assessing Writing*, 55: 100697.

Zhang, Y., Schunn, C. D. & Wu, Y. 2024. What does it mean to be good at peer reviewing? A multidimensional scaling and cluster analysis study of behavioral indicators of peer feedback literacy [J]. *International Journal of Educational Technology in Higher Education*, 21.

董哲, 高瑛 . 2022. 国内外反馈素养研究综述与展望 [J]. 外语教育研究前沿 , (4): 10–17+90.

董哲, 高瑛 . 2023. 英语写作同伴反馈素养量表的编制与应用 [J]. 解放军外国语学院学报 , (3): 18–25.

高瑛, 刘杭松 . 2021. 英语写作同伴互评中提供反馈的作用与影响因素研究 [J]. 外语电化教学 , (6): 87–93.

武永, 任佩玲 . 2024. 在线同伴互评和教师反馈对学生二语写作反馈素养的影响研究 [J]. 山东外语教学 , (4): 64–74.

作者简介

武永（通信作者），北京邮电大学人文学院副研究员。主要研究方向为写作反馈。电子邮箱：
    wuyong@bupt.edu.cn

李思莹，北京邮电大学人文学院硕士研究生。主要研究方向为写作反馈。电子邮箱：demili@
    bupt.edu.cn

冀娇娇，北京邮电大学人文学院硕士研究生。主要研究方向为写作反馈。电子邮箱：
    jelly0409@bupt.edu.cn

The development of student writing feedback literacy: The effects of online peer feedback and generative AI feedback

WU Yong, LI Siying & JI Jiaojiao

Abstract: Student writing feedback literacy is a key factor influencing the effectiveness of feedback in L2 writing. However, there is limited empirical research on how to improve student writing feedback literacy. Online peer feedback and generative AI feedback have been widely used in writing instruction, but few studies have examined their effects on student writing feedback literacy. This study compared the effects of online peer feedback and generative AI feedback on student writing feedback literacy. Findings indicated that both groups showed significant improvement in appreciating feedback, making judgments, and taking action. Compared to AI feedback, online peer feedback had a greater impact on students' affective management ability. These findings have important implications for cultivating students' writing feedback literacy and enhancing the effectiveness of L2 writing instruction.

Keywords: online peer feedback; AI feedback; student feedback literacy

融合型论证式效度验证框架下的
初中英语学业水平考试命题评估标准构建 *

林敦来[1]　高淼[2]　刘森[3]

[1][2]北京师范大学　[3]东南大学

提　要： 效度和效度验证是语言测试中最核心的问题。本文首先综述语言测试中三个有影响力的效度验证框架，然后指出，融合型论证式效度验证框架兼具三个框架的优点，能用于指导初中英语学业水平考试命题质量评估标准的构建。该框架包含行动理论论证、测试开发论证、测量论证和传达沟通论证。本文对这些论证的具体内容进行了讨论，并在此基础上进一步提出初中英语学业水平考试命题质量评估的观测点，以期为初中英语学业水平考试命题质量的提升提供参考，为大规模高风险考试效度验证拓展思路。

关键词： 初中英语学业水平考试；命题评估；融合型论证式效度验证框架；指标

1. 引言

　　初中英语学业水平考试（以下简称"中考英语"）以《义务教育英语课程标准（2022年版）》（中华人民共和国教育部 2022）（以下简称《义教新课标》）为依据进行命题。这一考试承担了双重目的：一方面检测义务教育阶段结束时学生的学业成就，另一方面为高一级学校招生录取提供依据。它也为评价区域和学校教学质量提供参考，还包含改进教育质量和教学方式的价值取向。此外，为保障考试质量，《中共中央、国务院关于深化教育教学改革全面提高义务教育质量的意见》（中共中央、国务院 2019）和《教育部关于加强初中学业水平考试命题工作的意见》（中华人民共和国教育部 2019）两份文件也提出了明确的政策要求。

　　在语言测试领域，效度和效度验证是最核心的问题。效度研究关心的是研究者如何建构和使用测试来支撑测试结果的解读和运用（Messick 1994；Bachman 2005；Bachman & Palmer 2010；Kane 2006，2013）。根据《教育与心理测试标准》，效

* 本研究系国家社会科学基金项目"核心素养下的国家义务教育质量监测英语指标体系和范型题研究"（项目编号：22BYY091）的部分成果。

度指的是"证据和理论在多大程度上能够支撑测试分数的解释，以满足预期的测试使用"（AERA et al. 2014：11）。效度验证需要评估测试分数的预期使用是否合适、分数的预期解释是否合理。收集的证据要反映测试开发过程的质量、测试产品质量和分数的预期解释的合理性，也要反映测试后采取的行动以及政策导向的问责型测试所带来的影响（Chalhoub-Deville & O'Sullivan 2020）。

本文将探究在效度验证理论框架下，如何评估中考英语命题质量的问题。为此，笔者首先简要回顾语言测试中的效度及其验证模式与框架，然后分析甄别适切的理论框架，用于指导中考英语命题质量评估标准的构建。

2. 语言测试中效度及其验证模式的变迁

语言测试中的效度概念及效度验证模式总体上沿承教育与心理测量领域的相关内容，语言测试研究者根据学科特异性对二者进行了一定的创新。Lado（1961）将效度看作相关，并采用不同类型的效度来验证相关。在 20 世纪 80 年代前，以此发展完善的效度分类观为主导理念（李清华 2006），直到 Messick（1989）提出整体效度概念，构念成为整个效度验证的核心，构念效度成为效度整体概念。在整体效度观下，语言测试领域产生了多种有影响力的效度验证模式（罗凯洲 2019）。在此笔者简要讨论测试有用性框架（Bachman & Palmer 1996）、社会认知框架（Weir 2005）和评价使用论证（Bachman & Palmer 2010）。

Bachman（1990）将整体效度观引入语言测试。Bachman & Palmer（1996）的测试有用性框架就是在整体效度观的视角下为指导语言测试的开发和效度验证而构建的，包含信度、构念效度、真实性、交互性、影响和可操作性。虽然这一框架的操作性强，但是其理论连贯性偏弱（韩宝成、罗凯洲 2013）。如何在效度验证中系统性地组织证据这一问题仍未得到有效解决。

Weir（2005）的社会认知框架将语言使用的社会、认知以及评分系统性纳入效度验证模式中（O'Sullivan & Weir 2011）。O'Sullivan（2011，2015）对此框架进行了重构（见图 1），并用于普思（Aptis）考试的设计和效度研究中。在这一框架中，影响学生表现的有测试系统、考生和评分系统三大要素。测试系统包含了测试任务的特征和考试实施条件。考生维度则关注考生的个体特征和认知过程与资源，与测试系统产生互动。评分系统中的理论拟合度指测试评分要符合对欲测构念的理论看法，决策准确性主要考察测试的心理测量特征（如信度），而决策的价值指效标关联方面的信息，例如学生成绩应与教师的专业总体判断呈较强的相关关系。

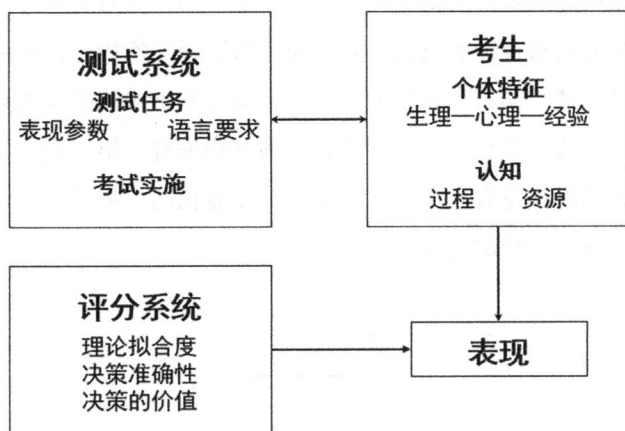

图1　重构的 Weir 社会认知效度框架（O'Sullivan 2011, 2015）

借鉴 Kane 等学者的思想，Bachman（2005）试图建构测试表现到分数解释，以及分数解释到测试使用之间的连接，并最终由 Bachman & Palmer（2010）充分论述。Kane（2013）的效度验证框架分为两大环节：解释 / 使用论证和效度论证。如图2所示，在解释 / 使用论证环节，分数的预期使用及其支撑解释会被具体化，这就使得分数解释和测试用途的内在推断和假设得以清晰化。效度论证则综合评估在解释 / 使用论证环节所明确的分数解释和测试使用。

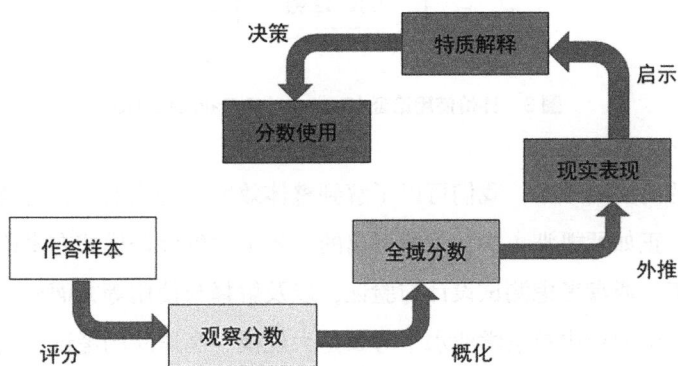

图2　Kane 的解释 / 使用论证（O'Sullivan 2024）

Bachman & Palmer（2010）的评价使用论证（见图3）与 Kane（2013）的效度验证框架遵循类似的逻辑，但是前者突出的特征是第一个主张，即对测试后效（consequences）

的关注。评价使用论证既适用于指导测评开发，也适用于分数解释和使用论证。测评开发的出发点就是要获得良性的测试后效，而分数解释和使用论证终结于测评是否真正带来良性的测试后效。第二个主张为决策，它指向基于测试的分数解释要符合当地价值观和相关法律法规，并且公平对待所有的利益相关者。第三个主张是分数解释，它指向对考生能力的解读是有意义的、公平的、可概化的、相关的和充足的。第四个主张是测试记录，它指向测试信度或一致性的问题。

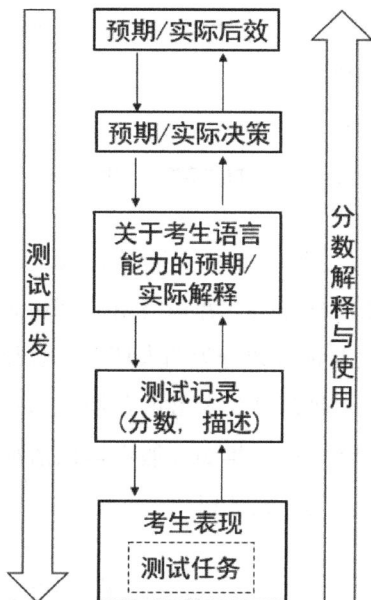

图3　评价使用论证（Bachman & Palmer 2010）

　　从本节的简要回顾中，我们可以了解到整体效度观是当前学者对效度概念看法的共识。然而，正如罗凯洲（2019）所指出的，各个效度验证模式在术语的使用、效度验证归属职责、通盘考虑测试设计与验证，以及解释与使用等方面还存在较为突出的问题。本文讨论的初中英语学业水平考试是大规模、高风险的考试，其效度验证应贯穿包含考试委任（mandate）、考试开发、考试实施和使用、考试影响等的整个过程。Chalhoub-Deville（2016）认为，考试是一种可用于干预经济、促进社会发展的手段，可用于推动教育改革，不仅影响学生个人，还影响教师、学校乃至教育和经济体系。鉴于此，笔者认为，下节论述的融合型论证式效度验证框架可以弥补上述框架之不足、整合其优势，为中考英语命题质量评估提供连贯统一的理论框架。

3. 融合型论证式效度验证框架

本节将详细介绍融合型论证式效度验证框架。如图 4 所示，融合型论证式效度框架包含行动理论论证、测试开发论证、测量论证和传达沟通论证四个有机组成部分（Chalhoub-Deville & O'Sullivan 2020）。其中，笔者根据 Mislevy et al.（2003）以证据为中心的测试设计（Evidence-Centered Design，简称 ECD），将测试开发论证中的要素更新为域分析、域建模、概念性测试框架、测试实施和测试交付。

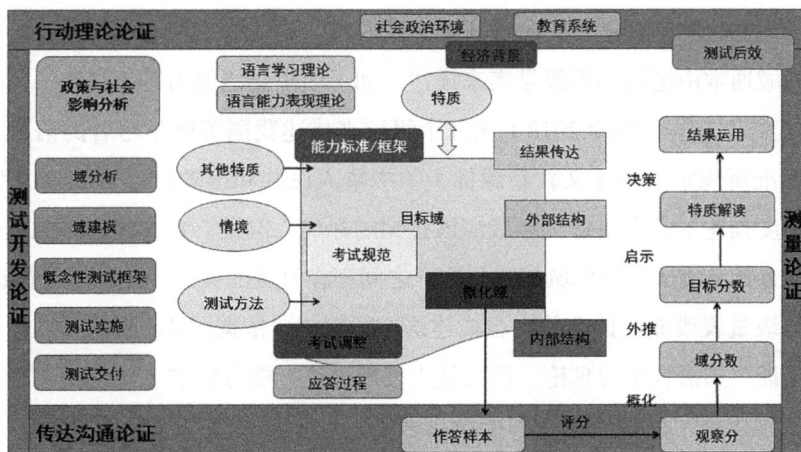

图 4　融合型论证式效度验证框架
（**改编自** Chalhoub-Deville & O'Sullivan 2020）

3.1 行动理论论证

行动理论论证考虑的核心内容是测试所带来的后果。如图 4 所示，行动理论论证在融合型论证式效度验证框架的最顶端，意味着在测试开发初始阶段，命题者就需要预想测试后效。行动理论论证考察测试所发生的社会政治环境、经济背景和教育系统，关注主要利益相关者如何驱动教育变革，又如何受到教育变革的影响，用怎样的行动计划来获得预期结果，以及用怎样的方案来应对潜在的非预期影响。行动理论论证也要考虑现有资源和其他实际的局限。

Bennett（2010）认为，测试系统中的行动理论应该包含以下元素：测试系统的预期影响、测试系统的元素及每个元素之间逻辑性和连贯性的理据（含支撑理据的研究和理论）、源自测试结果的解释性观点、引发预期影响的行动机制、潜在的非预期影响，以及如何削弱非预期影响。Chalhoub-Deville & O'Sullivan（2020）认为，测试后效作为行动理论论证中的重要组成部分，将测量论证和测试开发理论进行了连接。

两位作者还特别指出，测试后效可以是近期、短期的，亦可是长期的。

3.2 测试开发论证

根据 Chalhoub-Deville & O'Sullivan（2020）的研究，测试开发论证聚焦测试设计本身的系统性和科学性，将"特质／能力"与阐释欲测构念的理论和研究建立连接。ECD 是当前国际上受到广泛认可的测试设计模型之一，它主张测试作为基于证据的论证（Mislevy et al. 2003）。在这个模型中，测试被视作由域分析、域建模、概念性测试框架、测试实施和测试交付五个部分构成。这五个部分互相协同，层层推进，环环相扣，建立起严密和连贯的测试开发论证。

目标域通常由通用的等级量表来描述，如《中国英语能力等级量表》（教育部、国家语言文字工作委员会 2018）从九个级别来描述我国英语学习者的语言水平；或由课程标准所规定，如《义教新课标》（中华人民共和国教育部 2022）从发展核心素养的角度描述了学生在各个年级应该达到的标准。但是，效度验证不能理所当然地从目标域开始（即认为目标域与欲测构念之间存在直接的关系）。要转换成欲测构念，仍需对等级量表或课程标准的内容描述语进行细化。依据图 4，测试开发论证应该包含理论论证，如语言学习理论、语言能力表现理论，能力标准／框架等。对目标域的详细规划则体现在考试规范或多维细目表中，这部分内容在域分析中实现。ECD 中的域分析主要是为测试提供学科的信息，如语言的形式、意义、使用，以及学生在目标语言使用域中运用语言的情况及任务的基本样貌。课程标准是域分析的基本材料。

域建模是与测试开发最直接相关的。它建构了测试的设计和使用论证，而概念性测试框架则落实了这些论证（Mislevy & Yin 2012）。Toulmin（2003）的论证框架为这些论证的严密推导提供了基础（见图 5）。在语言测试中，测试者通过观察学生在任务中的表现收集数据，对学生的语言能力作出主张。语言习得、课程标准、能力量表等作为支撑，为其作出的主张提供理由。但是测试者也经常需要考虑其他情况来调整其所作主张的强度，特别是一些反驳数据。例如，焦虑、题目设计漏洞等与构念不相关的因素会削弱测试者基于测试所作的主张。域建模以描述的方式呈现测试的论证，它明确了测试的知识技能和能力、任务特征以及可能的观测方法。

测试开发论证还应该包含概念性测试框架中的五大要素，即学生模型、任务模型、证据模型、组卷模型和呈现模型。概念性测试框架结构化地呈现测试的学科内容、数据模型和实施方式。学生模型关注测什么的问题，也就是测试设计者欲测的反映学生水平不同方面的变量（Mislevy & Haertel 2006）。任务模型描述的是学生在什么情境下表现出关于学习的证据，它关注的是如何测的问题，包含测试蓝图和学生作品

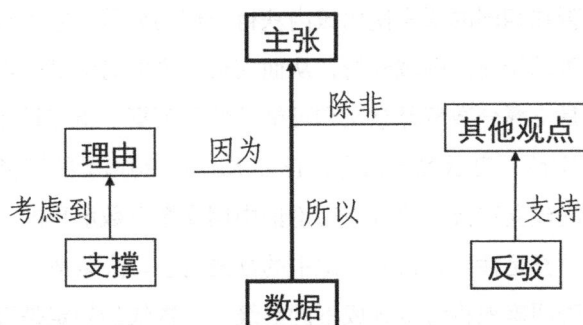

图5　Toulmin（2003）的论证结构

（Mislevy & Yin 2012）。证据模型则在学生模型和任务模型间建立桥梁，包含评估成分和测量成分两个部分的内容（Yin & Mislevy 2022）。其中，评估成分解决如何评分的问题，例如如何确定并描述考生表现的典型特征。通过评估成分，我们确定了学生模型中学生作品所体现的可观测变量的价值。测量成分则整合不同任务的数据，并对主张所用的证据进行量化估计，如信度系数和测量标准误等。组卷模型描述了任务的组合情况，反映对目标域考查的广度和丰富性。呈现模型描述的是试题和任务是如何呈现给考生的，如纸笔测试或计算机测试，也指试题排版和编辑情况。

测试开发论证中的测试实施包含了任务撰写、评分标准的细化和测量模型的调整；测试交付包含试题选择和施测，与考生的交互，分数报告和为利益相关者提供反馈（Yin & Mislevy 2022）。

3.3 测量论证

在融合型论证式效度验证框架中，测量论证主要包含评分、概化、外推、启示和决策五个推理环节。在效度验证的文献中，测量论证占据着核心的位置。Chapelle & Lee（2021）对测量论证在语言测试中的应用做了详细的解释，并与评价使用论证（Bachman & Palmer 2010）进行了对照。在此，笔者对测量论证涉及的几个推理进行说明。评分属于评估（evaluation）推理（Kane 2013），指向评分程序的质量，提供评分原则背后的理据，并且考察评分程序能否准确地反映测试表现。这与评价使用论证中的测试记录部分相吻合。概化是关于信度的问题，探究不同任务、不同题本、不同时间的测试表现，以及不同评分员的评分是否一致和稳定。在评价使用论证中，概化指向关于测试表现的主张，支撑的假设是任务之间、题本之间、测试时机之间和评分员之间的稳定性。外推是关于真实性的问题，指向测试分数是否可以外推到目标分数，反映考生能否在相同的语言使用域内获得类似的分数。它也指向域界定，考察测试任务的开发是否基于充足的域分析，从而获得恰当的对测试表现的观察。在评价使用论证中，外推是支撑分数解释意义和可概括性的理据，指与目标语言使用域相关的任务和表现的真实性。启示关乎构念，正如 Kane（2013）的解释推理用于在分数和语言能力构念之间建立连接。评价使用论证中用支撑分数解释的"有意义性""公平性""相关性""充足性"，指向测试中的欲测构念。决策属于测试分数的使用问题，它考察测试能否明确地将考生分成不同等级、分数线的划定是否合理等问题，以便于基于测试分数作出相关决策。

3.4 传达沟通论证

信息传达和沟通对测试开发、施测和使用具有极其重要的意义。O'Sullivan（2014）认为在测试设计阶段就需要关注信息传达。图 4 将传达沟通论证作为融合型论证式效度验证框架的基石，体现其基础性的作用。正如刘建达和贺满足（2020）所指出的，根据我国外语考试的特点，测试效度证据的收集不仅需要依靠考试机构，还应调动主要利益相关者的积极性，形成良好的互动。具体来说，考试机构和教师、考生之间要有良性的互动，确保考试内容、考试实施、评分和分数汇报等环节不存在偏颇。要建立良好的关于测试结果反馈的沟通渠道，了解分数使用者的需求，对分数的意义作出恰当的解释。同时，还应了解测试对社会和学校带来的预期和非预期影响。

4. 初中英语学业水平考试命题评估标准的构建

本节将根据上文讨论的融合型论证式效度验证框架，设计中考英语命题评估的观测点，并作一些必要的解释，以期为中考英语命题评估提供切实可行的评估工具。

4.1 行动理论论证

《义教新课标》明确指出英语课程的育人价值，强调"教师要把落实立德树人作为英语教学的根本任务，准确理解核心素养内涵，全面把握英语课程育人价值。引导学生在学习和运用英语的过程中，了解不同国家的风土人情、文化历史，以及科技、艺术等方面的优秀成果，进行中外文化比较分析，拓宽国际视野，加深中华文化理解，增强中华文化认同感，逐步树立正确的世界观、人生观和价值观"（中华人民共和国教育部 2022：47）。《教育部关于加强初中学业水平考试命题工作的意见》（中华人民共和教育部 2019）也明确规定了初中学业水平考试的导向，包含落实立德树人根本任务、依据课程标准科学命题、发挥引导教育教学作用。笔者认为，课程标准和教育部相关政策均强调中考英语应发挥教学改革的引领作用，体现了行动理论的核心要义。命题者应该积极开展政策研究，进行测试后效评估，以期实现中考英语的良好效应。基于行动理论论证的中考英语命题评估指标如表1所示。

表1　行动理论论证视角下的中考英语命题评估指标

视角	维度	具体观测点
行动理论论证	落实立德树人根本任务	考试内容是否坚持正确的政治导向？
		考试内容是否传达正确的世界观、人生观、价值观？
		考试内容是否有利于学生传播中华文化、提升国际视野？
		考试内容是否涵盖德智体美劳？
	依据课程标准科学命题	考试内容和方式是否体现课程性质？
		考试内容和方式是否体现课程理念？
		考试内容和方式是否体现课程目标？
		考试内容是否较好地覆盖课程内容？
		考试内容和方式是否与学业质量标准相匹配？
		考试内容和方式是否与评价建议相统一？
	发挥引导教育教学作用	考试内容和方式是否对教育教学有积极的导向作用？

由表1可见，行动理论论证对中考英语命题评估的主要启示体现在考试的内容和方式两个方面。在内容方面，要落实《义教新课标》的育人理念，要坚持正确的政治方向，传达正确的世界观、人生观和价值观，介绍人类文明的优秀成果，拓宽国际视野，增强中华文化认同感，促进学生德智体美劳全面发展。依标命题指从理念到过程，全面、全方位、全过程以课程标准为依据进行命题（王蔷、葛晓培2024），不得超标，也不应当遗漏重要技能（如口语）的考查。此外，考试还应该发挥引导教育教学的作用，有利于构建基于情境、问题导向、深度思维、高度参与的教育教学模式，引导学生自主、合作、探究学习。

4.2 测试开发论证

测试开发论证为中考英语命题评估提供了翔实而专业的启发。由表2可见，在域分析方面，英语课程内容六要素均需得到关注，才能保证内容的覆盖面，确保内容效度。例如，整卷均应以主题为引领，以语篇为依托，覆盖听、说、读、看、写等语言技能。试卷的结构应充分体现英语课程要培养的学生核心素养和课程内容六要素，做到权重合理。从难度上看，应匹配三级学业质量标准。域建模则要集中体现任务的典型性或代表性。可参考 Weir（2005）的社会认知框架中关于测试任务的描述，考虑任务的特征是否体现课程标准的要求、体现对核心素养的考查。

表 2　测试开发论证视角下的中考英语命题评估指标

视角	维度	具体观测点
测试开发论证	域分析	核心素养和课程内容六要素是否均得以充分体现？ 试卷结构安排是否合理？分值权重是否合适？ 难度是否与三级学业质量标准相匹配？
	域建模	任务特征是否充分体现课程标准的要求？ 任务设计是否体现核心素养考查（如避免机械性记忆试题）？ 核心素养导向的任务占整卷试题的比例是否合适？
	概念性测试框架	**学生模型** 测试的构念是否清晰？ 是否存在构念不相关的因素？ **任务模型** 输入材料的特征是否符合考生群体？ 预期作答的特征是否符合考生群体？ 任务类型是否有利于考查相关构念且为学生所熟悉？ **证据模型** 评分标准是否清晰准确？ 主观题的评分细则是否具有良好的操作性（如准确度、流利度、内容完成度等维度清晰，描述语简洁）？ **组卷模型** 任务呈现顺序是否合理？ 题量是否合适？ **呈现模型** 试卷内容是否符合出版规范（如语言准确、图表清晰、排版美观等）？
	多维细目表	多维细目表的设计是否符合课程标准的要求？ 多维细目表的要素是否齐全？ 多维细目表是否具有可操作性，能够很好地指导命题？
	测试实施	任务的撰写是否符合语言测试的命题原则和要求？ 试题的测量学指标（如信度、难度、区分度等）是否达标？
	测试交付	任务的呈现是否有利于考生作答？ 客观题的评分是否做到百分百准确（可利用技术）？ 主观题的评分是否有充分的培训和良好的质量监控？

概念性测试框架具体落实了任务设计。学生模型聚焦构念，要确保考试的构念是清晰的，且不存在构念不相关的因素。任务模型回答如何测的问题，涉及输入材料和预期作答的特征，以及任务类型的选择问题。任务类型应为考生所熟悉，避免构念不相关因素。证据模型回答了成绩如何得出的问题。要确保评分的维度是有理据的，指向本学段核心素养的关键元素。组卷模型则关注全卷如何架构的问题。任务的配置是否有利于学生更好地作答，题量是否合适，以便收集充足的数据，且让绝大部分考生能在考试时间内完成作答。呈现模型则关注试卷的卷面编辑、校对和排版等问题。

概念性测试框架中也涉及测试规划的问题。作为测试规划的主要任务，多维细目表的编制是保障测试质量的重要抓手。在此笔者将之作为独立的维度来讨论。多维细目表全面反映了考试的内容、能力和素养的布局，其内容是否落实课程标准，要素是否齐全，是否对命题具有指导作用，均是关键性问题（林敦来等 2024a）。

在测试实施方面，任务的撰写是其中的重头戏。为保证试题本身的有效性，任务撰写应符合科学命题的规范（Haladyna & Rodriguez 2013；林敦来等 2024b）。在施测后，要对测试数据进行统计分析，考察其是否符合测量学的标准。

在测试交付方面，要考查任务的呈现是否有利于考生作答。同时还要考察评分的效果，如客观题的评分精准度和主观题的评分稳定性。

4.3 测量论证

在测量论证中，需要收集的推理包含评分、概化、外推、启示和决策。表3对这些维度的前提预设进行了说明。评分推理与证据模型相互呼应，均考察了评分的理论基础，特别是主观题评分细则的制定是否体现了核心素养的内容。同时也与测试交付呼应，考察评分的稳定性问题。概化推理主要考察测试的内部一致性问题和评分员间一致性问题。外推推理呼应域分析和域建模，考察对课程标准的分析是否透彻，是否采用了典型的任务考查了课程标准要求的典型能力。在启示推理中，要进一步审视对构念考查的情况，以考察分数的意义。决策推理重点考察测试是否整体上满足毕业考试和升学考试"两考合一"的考试性质，对毕业和升学均提供了有意义的参考。在此阶段，也要去充分了解各方利益相关者的看法。

4.4 传达沟通论证

传达沟通论证涉及中考英语利益相关者的评价素养，目的是在考试机构和其他利益相关者（如教师、学生、家长等）之间建立良好的互动，以期降低考试的不良后果，

表3　测量论证视角下的中考命题评估指标

视角	维度	前提预设	具体观测点
测量论证	评分	● 施测程序是恰当的 ● 题目的测量学指标可接受 ● 任务能够测出不同水平考生的表现 ● 测试任务让考生有充足的机会去发挥他们的能力水平 ● 主观题评分稳定可靠	评分的理论基础是否清晰？ 评分是否稳定？
	概化	● 题量充足 ● 没有因施测条件导致的构念不相关因素 ● 没有因考生个体特征带来的构念不相关因素	任务之间、题本之间、不同评分员之间、不同测试时机之间是否均能确保测试结果稳定？
	外推	● 测试中的表现与在目标语言使用域中的表现相似或相关 ● 考生与测试任务的互动类似于真实任务	考生分数是否可以外推到目标语言使用域的分数？ 课标分析是否透彻？任务与课标之间的衔接是否紧密？
	启示	● 考生分数解释是有意义的、公平的、可概化的、相关的、充足的	考生分数解释是否是有意义的、公平的、可概化的、相关的、充足的？
	决策	● 测试能够将考生分成不同的等级，便于决策 ● 分数线可靠	总体来说，测试是否是有用的？基于分数的决策是否是公正的和体现教育价值的？

提高考试的良好后效。笔者建议从各利益相关者的沟通态度（开放性）和传达沟通的内容的性质（可理解性）两个维度进行考察，并以表4具体说明。各方利益相关者评价素养的整体提升将有利于出现积极的考试后效，特别是本文探讨的中考等大规模高利害考试。

表4　传达沟通论证视角下的中考命题评估指标

视角	维度	具体观测点
传达沟通论证	开放性	考试机构是否有意愿在合理范围之内公开命题质量保障的措施（如从测试角度分析课程标准、公布评分监控措施等）？ 其他利益相关者能否以开放的态度看待命题中的优缺点？
	可理解性	是否以通俗的语言向不同的利益相关者传达相关信息，避免术语带来的沟通壁垒？

5. 结语

　　本文以语言测试中的效度验证理论框架为切入点，整合了多个效度验证框架的优点，以融合型论证式的效度验证理论框架为指导，尝试提出中考命题评估的指标体系。指标体系因充分融合了行动理论论证、测试开发论证、测量论证和传达沟通论证，综合性强，贯穿测试的全过程，适用于中考英语之类的大规模、高风险考试。同时，指标体系体现了融合型论证式效度验证框架的突出优点，有较强的连贯性，证据之间衔接性强。但应该指出的是，本文提出的指标体系尚处于中观层面，条目的颗粒度还有待进一步研究和细化，对中考命题评估的适用性也有待实际评估工作的验证。

参考文献

AERA, APA & NCME. 2014. *Standards for educational and psychological testing* [S]. Washington, DC: American Educational Research Association.

Bachman, L. F. 1990. *Fundamental considerations in language testing* [M]. Oxford: Oxford University Press.

Bachman, L. F. 2005. Building and supporting a case for test use [J]. *Language Assessment Quarterly*, 2(1): 1–34.

Bachman, L. F. & Palmer, A. S. 1996. *Language testing in practice* [M]. Oxford: Oxford University Press.

Bachman, L. F. & Palmer, A. S. 2010. *Language assessment in practice: Developing language assessments and justifying their use in the real world* [M]. Oxford: Oxford University Press.

Bennett, R. E. 2010. Cognitively based assessment of, for, and as learning (CBAL): A preliminary theory of action for summative and formative assessment [J]. *Measurement: Interdisciplinary Research and Perspectives*, 8(2–3): 70–91.

Chalhoub-Deville, M. 2016. Validity theory: Reform policies, accountability testing, and consequences [J]. *Language Testing*, 33(4): 453–472.

Chalhoub-Deville, M. & O'Sullivan, B. 2020. *Validity: Theoretical development and integrated arguments* [M]. Sheffield: Equinox.

Chapelle, C. & Lee, H. 2021. Understanding argument-based validity in language testing [A]. In C. A. Chapelle & E. Voss (eds.). *Validity argument in language testing: Case studies of validation research* [C]. Cambridge: Cambridge University Press: 19–44.

Haladyna, T. M. & Rodriguez, M. C. 2013. *Developing and validating test items* [M]. New York, NY: Routledge.

Kane, M. T. 2006. Validation [A]. In R. L. Brennan (ed.). *Educational measurement* (4th ed.) [C].

Westport, CT: American Council on Education / Praeger: 17–64.

Kane, M. T. 2013. Validating the interpretations and uses of test scores [J]. *Journal of Educational Measurement*, 50(1): 1–73.

Lado, R. 1961. *Language testing: The construction and use of foreign language tests: A teacher's book* [M]. Bristol: Longmans, Green and Company.

Messick, S. 1989. Validity [A]. In R. L. Linn (ed.). *Educational measurement* (3rd ed.) [C]. New York, NY: Macmillan: 13–103.

Messick, S. 1994. The interplay of evidence and consequences in the validation of performance assessments [J]. *Educational Researcher*, 23(2): 13–23.

Mislevy, R., Almond, R. & Lukas, J. 2003. *A brief introduction to evidence-centered design* [R]. ETS Research Report No. RR-03-16. Princeton, NJ: Educational Testing Service.

Mislevy, R. & Haertel, G. D. 2006. Implications of evidence-centered design for educational testing [J]. *Educational Measurement: Issues and Practice*, 25(4): 6–20.

Mislevy, R. & Yin, C. 2012. Evidence-centered design in language testing [A]. In G. Fulcher & F. Davidson (eds.). *The Routledge handbook of language testing* [C]. New York, NY: Routledge: 208–222.

O'Sullivan, B. 2011. Language testing [A]. In J. Simpson (ed.). *Routledge handbook of applied linguistics* [C]. New York, NY: Routledge: 259–273.

O'Sullivan, B. 2014. Stakeholders and consequence in test development and validation [C]. Plenary address at the Language Testing Forum, University of Southampton.

O'Sullivan, B. 2015. *Aptis test development approach* [R]. Aptis Technical Report (TR/2015/001). London: British Council.

O'Sullivan, B. 2024. Language testing [A]. In W. Li., H. Zhu. & J. Simpson (eds.). *The Routledge handbook of applied linguistics* (Vol. 1) (2nd ed.) [C]. New York, NY: Routledge: 136–149.

O'Sullivan, B. & Weir, C. J. 2011. Language testing and validation [A]. In B. O'Sullivan (ed.) *Language testing: Theory & practice* [C]. Oxford: Palgrave: 13–32.

Toulmin, S. E. 2003. *The uses of argument* (updated edition, original work published in 1958) [M]. Cambridge: Cambridge University Press.

Weir, C. J. 2005. *Language testing and validation: An evidence-based approach* [M]. Basingstoke: Palgrave Macmillan.

Yin, B. & Mislevy, R. J. 2022. Evidence-centered design in language testing [A]. In G. Fulcher & L. Harding (eds.). *The Routledge handbook of language testing* (2nd ed.) [C]. London: Routledge: 289–305.

韩宝成, 罗凯洲. 2013. 语言测试效度及其验证模式的嬗变 [J]. 外语教学与研究, (3): 411–425+481.

李清华 . 2006. 语言测试之效度理论发展五十年 [J]. 现代外语 , (1): 87–95.

林敦来 , 陈芳 , 林玉琴 . 2024a. 初中英语学业水平考试多维细目表的设计与编制 [J] . 英语学习 ,
　　(5): 17–22.

林敦来 , 罗正清 , 李威峰 . 2024b. 选择题的设计原则、常见问题与建议——以初中英语学业水平
　　考试为例 [J]. 英语学习 , (6): 19–25.

刘建达 , 贺满足 . 2020. 语言测试效度理论的新发展 [J]. 现代外语 , (4): 565–575.

罗凯洲 . 2019. 整体效度观下语言测试四种效度验证模式 : 解读、评价与启示 [J]. 外语教学 , (6):
　　76–81.

王蔷 , 葛晓培 . 2024. 依标命题 , 发挥考试评价对英语教与学的积极导向作用 [J]. 英语学习 , (5):
　　4–10.

中共中央 , 国务院 . 2019. 中共中央 国务院关于深化教育教学改革全面提高义务教育质量的意
　　见 [EB/OL]. (2019-06-23)[2024-06-08]. https://www.gov.cn/zhengce/2019-07/08/
　　content_5407361.htm.

中华人民共和国教育部 . 2019. 教育部关于加强初中学业水平考试命题工作的意见 [EB/
　　OL]. (2019-11-22)[2024-06-08]. http://www.moe.gov.cn/srcsite/A06/s3321/201911/
　　t20191128_409951.html.

中华人民共和国教育部 . 2022. 义务教育英语课程标准 (2022 年版) [S]. 北京 : 北京师范大学出
　　版社 .

中华人民共和国教育部 , 国家语言文字工作委员会 . 2018. 中国英语能力等级量表 [S]. 北京 : 高
　　等教育出版社 .

作者简介

林敦来 , 北京师范大学外国语言文学学院副院长、教授、博士生导师。主要研究方向为语言测
　　试与评价。电子邮箱 : lindunlai@bnu.edu.cn

高淼 , 北京师范大学外国语言文学学院副教授、硕士生导师。主要研究方向为语言测试与评价。
　　电子邮箱 : gaomiao@bnu.edu.cn

刘森 , 东南大学外国语学院讲师、硕士生导师。主要研究方向为语言测试与评价。电子邮箱 :
　　liuvincent@163.com

Developing evaluation standards for the Junior High School English Achievement Test within the integrated argument-based approach to validation

LIN Dunlai, GAO Miao & LIU Sen

Abstract: Validity and validation are core issues in language testing. This article first reviews three influential validation frameworks in language testing, and then points out that an integrated argument-based approach to validation possesses the advantages of the three frameworks and can be used to guide the development of quality evaluation standards for the Junior High School English Achievement Test. This approach includes the theory of action argument, the test development argument, the measurement argument, and the communication engagement argument. The article discusses the specific content of these arguments, and based on this, further proposes indicators for evaluating the quality of the Junior High School English Achievement Test, in order to provide a reference for improving the quality of the existent Junior High School English Achievement Test.

Keywords: Junior High School English Achievement Test; test quality evaluation; integrated argument-based approach to validation; indicators

合作准备搭档二语水平对高中生读后续写语言表现和协同效应的影响 *

谢元花[1]   方俊英[2]   梁美琼[3]

[1][3] 广东外语外贸大学   [2] 深圳市龙岗区南湾实验小学

提 要： 尽管任务前准备在二语习得领域受到广泛关注，但有关任务前合作准备的研究相对较少，其对二语学习的效果尚未形成定论，且缺少深入探讨合作准备中搭档二语水平对读后续写语言和协同影响的研究。因此，本研究比较了 86 名高中生高、低不同二语水平三种配对模式（高-高、高-低、低-低）的合作准备对续作语言表现和协同的影响。结果发现：1）总体而言，高、低水平学习者在与同水平伙伴配对准备时的语言表现更佳；2）无论二语水平如何，学习者与低水平伙伴配对组合（高-低或低-低）时，其语言协同略多；3）在不同二语水平配对的合作准备条件下，协同效应越强，语言表现的复杂性或准确性越高。上述发现可为教学和测试任务的设计提供启示。

关键词： 合作准备；搭档二语水平；续写任务；语言表现；协同效应

1. 引言

任务前准备是在任务前给学习者提供准备时间，让其规划写作内容和表达。有学者认为，它可降低对任务的认知需求，提升学习者的任务表现（Skehan 1998；Robinson 2001）。但实证研究表明，任务前个人准备的主要贡献在于显著增强了任务产出的流利性和句法复杂性（Ellis 2009；Meraji 2011），而在提升词汇复杂性与准确性方面，尽管有研究触及（Kang & Lee 2019），但其证据仍显不足。鉴于个人准备在提升任务表现上的局限，学界已转向探索合作准备（即由两人或多人一起讨论准备任务的内容和语言）的有效性（Lee & Burch 2017；Li et al. 2020）。这一转向不仅丰富了任务前准备的理论框架，还为其实际应用开辟了广阔的探索空间。合作准备概念

---

* 本研究系国家社会科学基金一般项目"认知复杂度和个体差异视角下的任务设计及促学机制研究"（项目编号：23BYY157）以及"基于人工智能技术和语言特征分析的英文文本质量评估系统研究"（项目编号：24BYY138）的阶段性成果。

借鉴了 Vygotsky（1978）提出的社会文化理论。该理论强调社会互动对知识构建的重要性。互动中，与话者间存在支架作用（scaffolding），因此他们能在互动中提升个人能力。然而，由于合作准备研究的数量有限，研究结果并不一致，有些研究结果之间甚至存在冲突（Xie & Zhu 2023），因此它对任务表现的影响还有待明确。

目前，聚焦读后续写任务中合作准备的研究寥寥无几。读后续写任务作为二语教学和测试研究的一个热点话题，吸引了大量学者深入探讨协同效应及不同互动模式对协同效应的影响。现有研究较少关注学习者二语水平对续写效果的影响，尤其是合作准备框架下不同水平学习者配对的具体影响机制。虽有少量研究探讨了续写任务中不同合作模式及二语水平配对对语言产出的影响（庞颖欣 2014；罗诗琦 2021），但这些研究在语言协同和写作表现的发现上尚未形成一致结论。此外，迄今为止，尚未发现有探讨不同二语水平配对的合作准备对续写语言表现和协同效应影响的研究。

上述现状表明，研究者对于读后续写任务在合作准备环节及其效果的探究尚处于初级阶段。不同学习背景、语言水平以及合作方式可能都会对准备环节及其效果产生显著影响，需要进一步的实证研究来揭示其内在规律和机制。因此，本研究尝试探究中国高中生高、低二语水平不同配对的合作准备如何影响续作语言表现及协同效应，以期为读后续写任务的教学实践和题型设计提供启示。

2. 文献综述

2.1 读后续写任务及相关研究

作为一种语言教学创新活动，读后续写任务由王初明（2012）首次系统阐述，其核心是通过"续"加强语言理解和产出的紧密结合及互动协同，以达到学习的"拉平"效应（王敏、王初明 2014）。续写任务通常要求学习者前后连贯、逻辑严谨地续写一个不完整的故事，旨在通过阅读与写作行为的深度融合促进语言习得。Wang & Wang（2014）的研究证实了这种读写结合的协同效应对二语习得的积极影响。协同效应作为一种深层次的协作能力体现（王初明 2021），其理论基础根植于 Pickering & Garrod（2004）提出的互动协同模型。该模型认为，协同是互动双方为了适应彼此，不断调整心理和语言表征过程，以实现高效交流的过程。在续写语境下，协同效应被认为是"一个错综复杂的动态过程，其中学习者与原文进行深度协调与互动"（Peng et al. 2020：3）。这一过程要求学习者不断根据外部输入调整其内部语言系统，以实现对不断变化的语言环境的全局性和持续性适应。

近年来，续写任务中的协同效应在二语习得研究领域受到广泛关注并得到深入探讨。相关研究主要聚焦于协同效应及其影响因素，包括输入文本的趣味性（陈贤文 2012）、任务指令（辛声 2017）、文本体裁（张秀芹、张倩 2017）及源文的语言复杂性（Peng et al. 2020）等。同时，续写中各种形式的互动也有探究，如合作写作（李佳仪 2019）、多维互动（周晓 2018）、同伴互动（庞颖欣 2014；沈莹莹 2020）、同伴协助学习（罗诗琦 2021）及续写前准备模式（Xie & Zhu 2023）。

上述研究表明，续写任务在不同语言维度上均产生一定的协同效应，并揭示了不同互动模式对协同的影响。然而，该领域的研究大多聚焦于续写过程中的合作，而续写前同伴合作准备对二语表现及协同效应的具体作用尚未得到充分探讨。因此，合作准备中不同水平配对如何影响学习者续作表现及协同效应，仍是一个亟待解决的研究问题。

2.2 认知假说与合作准备

信息加工方法作为许多早期实证研究的基石（Miller 1956），成为探讨语言理解与产出的重要理论框架。此后，该理论框架在二语写作研究领域的广泛应用，进一步印证了其跨领域的影响力。信息加工方法的核心观点是人类用于处理信息的认知资源有限（VanPatten 1996；Huitt 2003）。在探讨任务前准备及其对学习者二语表现的影响时，学界形成了两种相左的观点，即 Skehan（1998）的注意资源有限观（竞争假说）和 Robinson（2001）的多维注意资源观（认知假说）。前者认为人的信息加工能力有限，更复杂的任务需要更多注意资源，因此学习者很难兼顾语言产出的复杂性、准确性和流畅性（Complexity、Accuracy、Fluency，简称 CAF），三者之间会产生取舍效应（trade-off effect）；而后者认为不同的信息加工方式有多个资源池，更复杂的任务会促使学习者调用不同维度的资源。此外，Robinson（2011）将注意资源分为资源导向和资源分散两个维度，并提出认知假说。该假说认为，沿着资源导向维度（如 ± 逻辑推理）提高任务复杂度，会增强学习者对语言形式的关注，其语言产出的复杂性和准确性会提高，而流利性会降低；而沿着资源分散维度（如 ± 准备时间）提高任务复杂度，会引发学习者将注意资源分散到意义、形式等不同方面，学习者需要同时处理更多信息，其语言产出的 CAF 均会下降。

任务前准备，包括个人准备或合作准备，属于认知假说中的资源分散维度。它是一种问题解决活动，通过这一活动，学习者为写作设定目标，构思并组织思想，以达到预期的写作目标（Ellis & Yuan 2004）。一般来说，由于写作独立性的特点，任务前准备通常默认为个人准备。因此在大多数研究中，准备都是独立进行。然而，从教学的角度来看，合作准备具有明显的优势，如学习者可以相互借鉴想法，并整合二语资源（Ellis 2021）。因此，有研究者将个人准备扩展到合作准备（Lally 2000；Yigzaw 2012；Abrams & Byrd 2016）并发现，合作准备对写作的某些方面有积极影响。Lally（2000）和 Yigzaw（2012）发现，任务前的小组讨论无论是用母语还是二语进行，都表现出明显的积极作用。此外，还有研究聚焦比较合作准备和个人准备，但其结果不一致。如 Tavakoli & Rezazadeh（2014）发现，合作准备有利于提升写作的准确性，个人准备有利于提升流利性；而 Kang & Lee（2019）则发现，合作准备在写作流利性和句法复杂性方面均优于个人准备。此外，McDonough & De Vleeschauwer（2019）发现，个人准备提高了整体写作质量，而合作准备提升了语言的准确性。

　　尽管合作准备在二语写作中显示出一定的积极作用，但在续写任务中，关于合作准备的实证研究仍然较为鲜见。最近，Xie & Zhu（2023）通过对比续写任务中大学英语专业学生个人准备和合作准备发现，合作准备在续作语言产出和协同上并未表现出明显优势，两者的关系在不同语言维度上的表现有所不同。这些发现表明，在续写任务中，合作准备并不总能比个人准备产生更优效果，其影响因素较为复杂，仍需更多研究来考察，以探明其内在的规律和机制。Ellis（2021）在对 32 项实验研究进行元分析后指出，还没有足够证据来明确任务前准备中调节变量（如写作任务的性质和类型）的作用，并呼吁对任务前准备进行更多实证研究，包括合作准备、二语水平等调节变量。为了弥补以上局限，本研究旨在探讨续写任务中合作准备搭档二语水平对续作表现和协同的影响，并具体回答以下问题：

　　1）合作准备搭档二语水平对高中生续作的语言表现有何影响？

　　2）合作准备搭档二语水平对高中生续作的语言协同有何影响？

　　3）高中生续作的语言表现和协同在合作准备搭档不同二语水平配对条件下如何相关?

3. 研究方法

3.1 受试

　　本研究最初有 126 名福州市某中学高一年级两个非平行班的学生参与。通过牛津分级测试（2001）和写作测试，90 名学生被选入正式实验，并被分为高、低水平两大组，各 45 名学生。两大组又分别被细分为三个小组，每组 15 名学生，从而形成三个高水平组（H1、H2、H3）和三个低水平组（L1、L2、L3）。方差分析结果显示，两大组之间的二语水平（F=87.155，$p < 0.001$）和写作表现（F=195.654，$p < 0.001$）有显著差异；三个高水平组在二语水平（F=0.085，p=0.919）和写作表现（F=0.909，

p=0.411），以及三个低水平组在二语水平（F=1.638，p=0.207）和写作表现（F=0.504，p=0.607）上均无显著差异。这六个小组被随机抽签配对成高 - 高、高 - 低和低 - 低三个组。但为了让受试无压力地完成任务，研究者并未告知他们和合作伙伴的水平差异。其中，因低 - 低组中两对受试写作的部分内容直接照搬原文，其写作数据被删除。受试最终配对情况见表1。

表1　受试配对及其数量

合作组	二语水平	水平配对	人数
1	高 - 高	H1-H3	15-15
2	高 - 低	H2-L3	15-15
3	低 - 低	L1-L2	13-13

3.2 调查工具

本研究的调查工具有四个：阅读材料、合作准备指令、写作任务和问卷。阅读材料是一个关于冒险骑行主题的未完待续的故事，包含341词，改编自2017年高考英语浙江卷读后续写题。故事讲述了小学教师Mac Hollan在独自骑行前往阿拉斯加的途中，遇到了一只狼的疯狂追赶。狼撕扯着他背上的行李，Mac试图反击但无济于事，狼始终紧追不舍。当Mac渐感疲惫时，他听到了身后的汽车声。随着汽车靠近，Mac突然停下自行车挡住了汽车，而此时狼距离他们只有几步之遥。故事中止于此。该故事的Flesch易读度指标为87.7，适合所选受试。

合作准备指令（见 Xie & Zhu 2023）包含内容、结构和语言三个部分，主要用来引导学生基于阅读文本：1）根据文中重要线索，利用想象力构思后续故事情节；2）写下有用的连接词和过渡语，以帮助他们写出连贯的续作；3）写下有用的语言表达，以便在续写中使用。

写作任务要求学生按指令独立续写不完整的故事，且不少于150词，词数越多越好。学生可模仿阅读材料中的短语或句子，并使用写作前的准备记录来辅助续作的完成。

问卷采用的是 Xie & Zhu（2023）的设计，包括背景信息、学习者对合作准备的态度、对续写的评论及对任务的整体评价四个部分，共20道题。除背景信息外，其他问题均采用李克特五点量表形式供受试选择。

3.3 数据收集

上述调查工具在正式实验前均进行了试测，研究者根据试测结果对阅读时长和阅读理解题目、写作时长和长度等要求进行了调整，并应用于正式实验。实验步骤如下：

首先，向受试解释实验要求和过程，并将受试进行配对。随后，分发阅读材料，一人一份；受试独立阅读（10 分钟），并完成 6 道是非判断题。阅读结束后，分发合作准备指令，要求他们按照指令进行准备和记录（10 分钟）。其中，对 6 对受试的合作过程进行录音，包括 H1-H3、H2-L3 和 L1-L2 水平配对各两对。合作准备后，受试独立完成续作（40 分钟），在此期间可使用准备时的笔记和阅读材料，但不允许讨论或参考其他资料。最后，发放问卷，受试均在 10 分钟内按要求完成答题。

3.4 数据编码和分析

本实验共收集作文和问卷各 86 份，合作准备录音 6 段，作文均转换为 Word 文件。两名评分员根据编码标准分别独立分析了 25% 的文本，测量指标包括准确性、流利性及协同的短语和从句，随后通过协商解决分歧。协商后，四个指标的评分员间信度均达到合理水平，即准确性 0.918、流利性 0.890、短语协同 0.911、从句协同 0.856。最后，研究者处理并核查了其余所有数据。以下介绍语言表现和协同的测量指标及分析方法。

语言的 CAF 是考察二语写作表现的有效指标（Skehan 1998）。本研究采用的 CAF 具体指标见表 2。

表 2 语言复杂性、准确性和流利性测量指标

维度		测量指标
复杂性	词汇复杂性	词汇难度（lexical sophistication，LS）
		类符 - 形符比（type/token ratio，TTR）
		修正的类符 - 形符比（corrected TTR，CTTR）
		平均句段类符 - 形符比（mean segmental TTR，MSTTR）
	句法复杂性	子句平均长度（mean length of clause，MLC）
		从属子句比率（dependent clauses per clause，DC/C）
		并列子句比率（coordinate phrases per clause，CP/C）
		复杂名词短语比率（complex nominals per clause，CN/C）
准确性		无错 T 单位（error-free T units，EFT）
		无错 T 单位比率（error-free T units per T-unit，EFT/T）
流利性		T 单位单词数量（words per T-unit，W/T）

语言复杂性包括词汇和句法两个层面（Lu 2010）。其中，词汇复杂性采用了词汇难度、类符 - 形符比、修正的类符 - 形符比和平均句段类符 - 形符比四个指标测量词汇

难度和多样性。句法复杂性的测量指标为子句平均长度、从属子句比率、并列子句比率和复杂名词短语比率。其分析分别由词汇复杂性分析器（Lu 2012）和句法复杂性分析器（Lu 2010）进行。准确性的测量指标为无错 T 单位和无错 T 单位比率。其中，判断 T 单位语法是否正确采用了 Polio & Shea（2014）的错误编码、James（2013）的搭配错误和 Wang & Wang（2014）的中式英语错误编码标准。但标点符号和拼写等错误被忽略，因为它们可能源于粗心大意，而非写作能力（Rahimi & Zhang 2018）。流利性则采用 T 单位单词数量来测量（Wolfe-Quintero et al. 1998）。

语言协同主要从词汇、短语和从句三方面考察。本研究使用 AntConc 3.5.8 对比不同二语水平使用的异常高频词，考察词汇协同强度（王敏、王初明 2014）。短语和从句协同采用（Xie & Zhu 2023）的编码系统，统计各组协同的差异。但本研究未区分完全协同和部分协同。

4. 研究结果

4.1 续作的语言表现

为了回答研究问题 1，本研究对 11 个 CAF 指标进行了正态分布检验（Shapiro-Wilk test）以及方差齐性、因变量间多重共线性等检验，对符合要求的数据进行多变量方差分析（MANOVA）（见表 3）。其余非正态分布数据进行 Kruskal-Wallis 检验，但未发现有显著性结果。MANOVA 分析结果显示，高水平组合作准备搭档二语水平对词汇复杂度有显著影响，具体体现在词汇复杂性（LS）（$F=3.678, p=0.034$）和修正的类符-形符比（CTTR）（$F=4.622, p=0.015$）。事后比较（Tukey HSD）发现，H2 组的词

表 3 高水平各组语言表现的 MANOVA 分析结果

		H1 (n=15) Mean (SD)	H2 (n=15) Mean (SD)	H3 (n=15) Mean (SD)	F	p	η^2
词汇复杂性	LS	0.271 (.077)	0.333 (.066)	0.323 (.060)	3.678	0.034*	0.149
	TTR	0.515 (.072)	0.471 (.079)	0.493 (.074)	1.252	0.296	0.056
	MSTTR	0.729 (.031)	0.688 (.046)	0.715 (.055)	3.171	0.052	0.131
	CTTR	5.022 (.481)	4.439 (.481)	4.787 (.612)	4.622	0.015*	0.180
句法复杂性	DC/C	0.225 (.098)	0.208 (.104)	0.218 (.090)	0.117	0.890	0.006
准确性	EFT/T	0.368 (.197)	0.317 (.233)	0.362 (.258)	0.217	0.806	0.010

注：*$p < 0.05$。

汇难度（LS）显著高于 H1 组（p=0.040），而 H1 组在修正的类符 - 形符比（CTTR）上显著高于 H2 组（p=0.012），其余组间均未发现显著差异。这些结果表明，高水平受试在高 - 低配对准备后，续作的词汇难度比高 - 高配对的高；而在高 - 高配对时，其续作词汇多样性比与低水平配对更优。

对于低水平各组，MANOVA 结果显示，合作准备搭档二语水平的影响主要表现在句法复杂性上（见表 4），即在并列子句比率（CP/C）上有显著效应（F=4.358，p=0.020）。进一步的事后比较（Scheffe）检验显示，L2 组（Mean=0.298）比 L3（Mean=0.133）使用更多的并列短语（p=0.026）。而其余指标均采用非参数检验，未发现不同组间有显著效应。这些结果表明，低水平受试在低 - 低配对准备后续作中并列句的使用比高 - 低配对后更多。

表 4　低水平各组语言表现的 MANOVA 分析结果

		L1（n=15）Mean（SD）	L2（n=13）Mean（SD）	L3（n=13）Mean（SD）	F	p	η^2
词汇复杂度	LS	0.359（0.108）	0.318（0.098）	0.326（0.108）	0.605	0.551	0.031
	TTR	0.507（0.068）	0.489（0.093）	0.490（0.085）	0.222	0.802	0.012
	CTTR	4.354（0.587）	4.222（0.417）	4.076（0.693）	0.807	0.454	0.041
句法复杂度	DC/C	0.207（0.090）	0.230（0.111）	0.252（0.100）	0.693	0.506	0.035
	CP/C	0.254（0.161）	0.298（0.161）	0.133（0.118）	4.358	0.020*	0.187
	CN/C	0.444（0.216）	0.501（0.179）	0.494（0.153）	0.394	0.677	0.020
准确度	EFT/T	0.262（0.131）	0.150（0.154）	0.184（0.165）	2.095	0.137	0.099

注：$^*p < 0.05$。

4.2 续作的语言协同

通过 AntConc 3.5.8 把受试续作与布朗语料库对比（Hundt et al. 1999），识别出高、低水平各组的异常高频词，并与原文中的词汇进行匹配。匹配的关键词数量越多，表明词汇协同程度越高。三个高水平组分别有 26、27 和 26 个协同关键词（见表 5 粗体词），表明高 - 低配对（H2-L3）时，高水平组（H2）的续作在词汇协同上略高于高 - 高配对。而三个低水平组分别有 27、25 和 22 个协同关键词，表明低 - 低配对（L1-L2）时，其续作的词汇协同略多于高 - 低配对的 L3 组。此外，为考察各组在另两个层面的协同是否差异显著，研究者采用 Kruskal-Wallis 检验进行了分析。结果显示，高、低水平各组在短语和从句协同上均无显著差异，但低 - 低配对（L1-L2）两组的

表5 低水平各组在续写任务中的前30个异常高频词分析结果

排序	L1（n=15）			L2（n=13）			L3（n=13）		
	关键词	关键值	频率	关键词	关键值	频率	关键词	关键值	频率
1	the	801.53	133	the	768.78	125	the	677.59	107
2	and	614.52	103	and	635	104	wolf	526.99	83
3	mac	561.66	92	wolf	439.14	72	mac	455.99	71
4	wolf	429.34	72	mac	377.04	61	a	291.66	47
5	they	422.63	72	pal	357.01	59	and	259.95	43
6	to	404.15	69	to	350.67	59	he	253.51	42
7	was	287.56	50	they	319.34	54	is	247.08	41
8	pal	281.28	48	becky	304.4	48	they	240.65	40
9	a	262.86	45	a	243.88	41	to	195.76	33
10	becky	241.9	39	he	207.21	36	this	176.61	30
11	he	226.63	40	is	194.84	34	so	144.84	25
12	but	142.11	26	car	145.6	26	but	138.51	24
13	car	142.11	26	this	139.48	25	becky	137.45	21
14	their	134.8	24	them	133.37	24	it	132.19	23
15	his	124.19	23	very	113.36	20	pal	124.01	21
16	in	124.19	23	dog	107.21	19	in	119.59	21
17	so	118.23	22	in	102.98	19	people	100.79	18
18	is	112.29	21	hollan	101.24	16	car	94.56	17
19	them	94.54	18	his	90.93	17	I	92.28	16
20	that	88.66	17	that	90.93	17	was	88.34	16
21	away	86.72	16	was	90.93	17	with	88.34	16
22	people	82.79	16	go	84.93	16	have	82.14	15
23	go	76.95	15	people	84.93	16	very	79.68	14
24	then	76.95	15	time	84.93	16	are	75.97	14
25	were	76.95	15	so	78.95	15	his	75.97	14
26	with	76.95	15	I	76.69	14	home	75.97	14
27	at	71.13	14	friends	70.64	13	go	69.83	13
28	man	71.13	14	after	67.06	13	that	69.83	13
29	on	71.13	14	but	67.06	13	two	69.83	13
30	this	71.13	14	home	67.06	13	eat	67.16	12

短语协同中位数略高于高 - 低配对（H2-L3）的 L3 组，三组的中位数分别是 3、3、1，表明低 - 低配对合作准备引发较多的短语协同。

4.3 续作语言表现与协同的关系

鉴于多数指标未呈正态分布，Spearman 相关系数用来检验高、低水平各组的续作语言表现和协同的相关性。如表 6 所示，H1 组的词汇难度（LS）与从句协同（rs=0.629，p=0.012），H2 组准确性无错 T 单位比率（EFT/T）与短语协同（rs=0.516，p=0.049），H3 组无错 T 单位（EFT）与短语（rs=0.555，p=0.032）、从句（rs=0.592，p=0.020）协同均呈显著正相关。这些结果表明，高水平各组在与不同水平合作准备时，均表现为语言协同越多，续作语言表现越好。

表 6　高水平各组续作的语言表现和语言协同的 Spearman 相关分析结果

写作表现		语言协同					
		H1（n=15）		H2（n=15）		H3（n=15）	
		短语	从句	短语	从句	短语	从句
词汇复杂度	LS	0.142	0.629*	-0.059	-0.043	-0.028	0.311
	TTR	-0.164	-0.126	-0.229	-0.175	-0.294	-0.418
	MSTTR	0.088	-0.235	0.074	0.320	0.117	0.060
	CTTR	0.018	0.049	0.013	0.101	0.440	0.485
句法复杂度	MLC	0.142	-0.133	0.204	0.375	-0.163	-0.345
	DC/C	0.322	-0.285	0.360	0.355	-0.020	0.022
	CP/C	-0.191	-0.202	0.432	0.134	-0.355	0.002
	CN/C	0.315	0.058	-0.063	0.209	0.357	0.381
准确性	EFT/T	0.047	-0.051	0.516*	0.169	0.305	0.276
	EFT	0.015	0.036	0.381	0.079	0.555*	0.592*
流利性	W/T	0.425	-0.125	0.495	0.344	-0.280	-0.394

注：*p < 0.05，**p < 0.01。

同样，低水平各组在与不同水平合作准备条件下，其续作语言表现与协同之间也呈显著正相关（见表7）。具体地，L1 组的从属子句比率（DC/C）与短句协同（rs=0.555，p=0.032），L3 组的词汇复杂性平均句段类符 - 形符比（MSTTR）和修正的类符 - 形符比（CTTR）与短语、从句协同呈正相关，其相关系数分别为 MSTTR：（短语）rs=0.705，p=0.007，（从句）rs=0.719，p=0.006；CTTR：（短语）rs=0.721，p=0.005，（从句）rs=0.651，p=0.016。另外，L3 组的准确性无错 T 单位（EFT）与短语协同（rs=0.668，p=0.009）也呈显著正相关。

综上，在高水平各组中，高与高配对时，短语或从句协同越多，续作的词汇复杂性和准确性越高；高与低配对时，短语协同越多，续作的准确性越高。在低水平各组中，低与低配对时，短语协同越多，续作句法复杂度越高；低与高配对时，短语或从句协同越多，续作的词汇复杂性和准确性越高。但在各水平配对中，均未发现协同与续作的流利性显著相关。

表 7　低水平续作的语言表现和语言协同的 Spearman 相关分析结果

写作表现		语言协同					
		L1（n=15）		L2（n=13）		L3（n=13）	
		短语	从句	短语	从句	短语	从句
词汇复杂度	LS	-0.315	0.007	0.285	0.293	0.159	0.054
	TTR	0.214	0.309	-0.304	-0.318	0.234	0.239
	MSTTR	-0.017	0.127	0.021	-0.074	0.705**	0.719**
	CTTR	0.416	0.294	0.196	-0.244	0.721**	0.651*
句法复杂度	MLC	-0.083	0.303	-0.188	-0.244	-0.008	0.141
	DC/C	0.555*	0.230	-0.025	-0.293	-0.122	-0.391
	CP/C	-0.155	-0.045	0.122	0.147	-0.006	0.067
	CN/C	0.164	0.360	-0.135	-0.146	0.472	0.376
准确性	EFT/T	0.028	0.170	0.277	0.201	0.491	0.347
	EFT	0.222	0.049	0.377	0.404	0.668*	0.549
流利性	W/T	-0.108	0.055	-0.213	-0.390	-0.527	-0.506

注：$^*p < 0.05$。

5. 讨论

5.1 合作准备搭档二语水平对续作语言表现的影响

　　研究问题 1 发现，不同二语水平配对准备主要对高、低水平各小组续作的语言复杂性有显著影响。具体地，高 - 高配对（H1）比高 - 低配对（H2）使用了更为多样的词汇，而高 - 低配对比高 - 高配对使用了更复杂的词汇；低 - 低配对（L2）在句法复杂性上比高 - 低配对（L3）更优。此外，虽然在准确性和流利性上未发现显著差异，但同水平配对的均值高于不同水平配对。这些结果表明，同水平配对合作准备后，续作的语言表现总体上优于不同水平配对（词汇复杂性除外）。

　　首先，这一结果部分支持了认知假说（Robinson 2001）的预测，即在资源分散维度提高任务复杂度（如不给准备时间），学习者语言产出的 CAF 均会下降。相反，如果提供准备时间，降低任务复杂度，学习者语言产出的 CAF 均会提高。本研究发现说明，同水平配对准备能降低任务复杂度，因此其续作语言表现总体上比不同水平配对好。

　　其次，高 - 低水平配对准备后的续作总体上不如同水平配对的结果说明，并不是所有形式的任务前准备都能降低任务复杂度，提升任务的语言表现，这一发现与Kang & Lee（2019）的结论一致。其原因可能是，高 - 低配对准备可能会导致搭档间交流不畅，但他们又不得不进行交互活动，增加了双方的负担，对任务形成了阻碍（Kirschner et al. 2011）。如高 - 低配对中 H2 组的 S1 同学提到"我的搭档给了我很多新词，但我对使用哪一个感到困惑"；H2 组的 S5 同学提到"没有必要合作，因为我的搭档不能给我任何有意义的帮助"；L3 组的 S6 同学提到"我们没怎么交流，我听不懂他所说的，我不敢问问题，因为问问题让我感到有压力"。李佩（2019）也发现了同样的问题，低水平学生感到与高水平学生的合作压力大，而高水平学生认为与低水平学生的合作对自己没有太大帮助。这印证了 Ellis（2021）的观点，任务前准备有利于二语写作，而问题在于它对哪种类型的写作以及以何种方式有帮助。另一方面，本研究结果与周晓（2018）的发现不一致。周晓（2018）比较了两种配对（高 - 低和低 - 低）对词汇学习的影响，发现高 - 低组显著优于低 - 低组。研究结果不同的原因可能有两个：一是学习者的二语水平不同，周晓研究中的受试是大二学生，而本研究的受试是高一学生。据此，合作准备效果可能因学习者的二语水平而异，有限的二语水平会限制合作效果（Kang & Lee 2019）。二是两项研究中学生的学习目的不同，即词汇学习效果和写作表现两者的比较方式不同，结论也就可能不同。

此外，本研究结果未能为续论（王初明 2016）倡导的拉平效应提供支持。以续促学的核心是拉平效应（王初明 2017），即阅读理解和产出水平不对称。读的是别人高质量的文本，产出的是学习者自己的创作，语言输入和输出之间有差距，而"续"能在两者之间架起桥梁，拉平阅读文本和学习者创作文本之间的差距。这一促学机制已得到大量实证研究的验证（如 Wang & Wang 2014；王敏、王初明 2014；姜琳、陈锦 2015）。但本研究中的高 - 低水平配对时，尽管高水平学习者在词汇难度上表现更优，但低水平学习者的表现未能受到高水平学习者的拉高影响；相反，低 - 低配对准备后，其续作的并列子句使用比高 - 低配对的多。这是一个有趣的发现，让我们思考拉平效应的条件：当高、低水平的差距足够大时，如本族语者和二语学习者，学习者可以与本族语者协同，提升二语表现；但因为学习者的二语水平对续写任务促学效果的影响较为复杂（杨连瑞等 2024），二语学习者之间的水平差距到底多大可以形成支架作用，产生拉平效应，我们还不确定。未来，这方面还需更多实证研究的证据。

5.2 合作准备搭档二语水平对语言协同的影响

研究问题 2 发现，在词汇协同数量上，高 - 低配对的 H2 组的协同略多于高 - 高配对的 H1、H3 组，但低 - 低配对的 L1、L2 组的协同略高于高 - 低配对的 L3 组；同时，低 - 低配对两组在续作中的短语协同更多。这些结果表明，当学习者与低水平合作准备时，其语言协同更多。但是，庞颖欣（2014）和沈莹莹（2020）的发现是高 - 低组合作整体语言协同效果最差，这与本研究低水平组表现一致，而与高水平组不一致。

其原因可能是：1）互动模式不同，她们的研究都是先独立续写，再进行互动，最后修订，而本研究仅有合作准备；2）研究设计不同，她们仅探讨整体配对的效果，而本研究聚焦高、低不同水平各小组的结果。由于本研究首次探究高、低水平配对准备对续作的协同影响，聚焦高、低水平配对后在同水平组进行比较，其结果跟前人研究结果的角度不同。因此，未来还需更多研究聚焦高 - 低水平配对的合作学习，关注合作后的个体表现，以便揭示更真实的合作学习效果。

其次，本研究还发现，在续写任务中，无论学习者的语言水平如何，当涉及低水平配对（即高 - 低或低 - 低组合）时，语言协同现象略有增加。此现象或可归因于高 - 低配对中，高水平学习者由于难以从低水平同伴处获得实质性帮助，更倾向于增强与原文文本互动，进而提升其自身的协同表现；相比之下，高 - 高组合中的学习者能够相互支持，减少了直接依赖原文的程度。至于低水平学习者，在相互合作时，由于彼此能提供的语言帮助极为有限，他们更倾向于紧密跟随原文进行协同创作；而在高 - 低配对情境中，合作障碍的存在使得低水平学习者既难以从高水平伙伴处获取有效帮助，也难以充分与前文文本产生深度互动（李佳仪 2019）。因此，本研究的发现可以进一步说明，不同二语水平学习者的配对合作方式构成了影响续写任务协同效应的又一关键变量，印证了王初明（2021）的观点，续写任务的特征差异直接影响互动强度，并导致协同效应的强弱变化。当然，本研究发现的协同强度差异还不显著，希望未来有更多研究加入，提供更有说服力的证据。

5.3 不同二语水平合作准备条件下续作语言表现和语言协同的关系

研究问题 3 的发现之一是，在高、低水平各种配对情况下，短语或从句协同越多，其续作的复杂性或准确性越高。这与姜琳、陈锦（2015），王敏、王初明（2014）及 Zhang（2017）的结果一致，即语言协同有助于续作复杂性和准确性的提高。这印证了王初明（2015）的观点，协同通过高质量输入促进二语学习，使学习者能够有意识地模仿原文来填补其语言不足，从而在复杂性或准确性上取得显著提高。然而，本结果与 Xie & Zhu（2023）的发现不一致，即语言协同与准确性正相关，但与复杂性负相关。这可能是因为，Xie & Zhu（2023）使用的阅读材料中有大量的非正式话语，如对话、简单句和重复，当学习者更多地与前文协同时，他们也使用了更多简单句，导致复杂度降低。而本研究阅读材料的语言较为正式，因此协同程度越高，语言复杂度越高。

此外，本研究还发现，在各水平配对中均未发现协同与续作的流利性显著相关。

这一发现与 Xie & Zhu（2023）的结果不一致，即语言协同与流利性负相关。这可能与学习者的二语水平有关，Xie & Zhu（2023）的研究对象是大二、大三的英专生，本研究的受试是高中生。较低水平的高中生也许对语言协同的需求程度更高，自由发挥的空间相对较小，囿于原文文本和自身的二语水平，他们往往更关注语言产出的准确性和复杂性，忽视流利性。当然，这一推断还需更多实证研究的检验。

6. 结语

本研究聚焦续写任务中不同二语水平配对合作准备如何影响续作的语言表现和协同效应并发现，1）总体上，高 - 高和低 - 低同水平配对合作准备产生的续作语言表现优于高 - 低水平配对；2）无论学习者的二语水平如何，当涉及低水平配对（即高 - 低或低 - 低组合）时，其语言协同略多；3）无论二语水平如何配对，语言协同越多，其续作的复杂性或准确性越高。这些发现对教学和测试任务的设计具有重要启示意义：第一，当学习者的二语水平较低时，续写任务最好增加合作准备环节，如以两人合作讨论的形式，就续写的内容、语言和连贯等进行协商规划，以加强其语言与原文的协同，促进拉平效应。第二，当续写任务增加合作准备环节时，还需考虑学习者搭档的二语水平。如果学习者的二语水平相差不太大时，最好采用同水平配对合作，以发挥合作学习的优势，即提供学习者共享语言资源和共同解决语言问题的机会，以使他们更有效地提升二语产出的质量。第三，如果在测试中采用两人合作完成任务时，一定要考虑搭档的二语水平，尽量避免采用高、低不同水平配对模式，以免引起合作障碍，使学习者无法发挥自己真实的水平。

当然，本研究存在一定局限性。首先，每一小组的样本量较小，虽然每一组的语言水平和写作水平有所控制，但个体差异的影响较难控制。其次，对二语水平的考察仅涉及高中生的高、低两个层次，未来研究可考虑加入中等水平学习者，进行更全面的配对。此外，受试在本实验中仅接受一次测试，未来研究可进行长期跟踪，以进一步探索学习者在不同水平配对合作学习中的语言发展。

参考文献

Abrams, Z. & Byrd, D. 2016. The effects of pre-task planning on L2 writing: Mind-mapping and chronological sequencing in 1st-year German class [J]. *System*, 63: 1–12.

Ellis, R. 2009. The differential effects of three types of task planning on the fluency, complexity, and accuracy in L2 oral production [J]. *Applied Linguistics*, 30(4): 474–509.

Ellis, R. 2021. The effects of pre-task planning on second language writing: A systematic review of experimental studies [J]. *Chinese Journal of Applied Linguistics*, 44(2): 131–165.

Ellis, R. & Yuan, F. 2004. The effects of planning on fluency, complexity, and accuracy in second language narrative writing [J]. *Studies in Second Language Acquisition*, 26(1): 59—84.

Huitt, W. 2003. The information processing approach to cognition[A/OL]. *Educational Psychology Interactive*. Valdosta, GA: Valdosta State University. https://www.edpsycinteractive.org/topics/cognition/infoproc.html.

Hundt, M., Sand, A. & Siemund, R. 1999. *Manual of information to accompany the Freiburg-LOB Corpus of British English ('FLOB')* [DB/OL]. http://clu.uni.no/icame/manuals/FLOB/INDEX.HTM.

James, C. 2013. *Errors in language learning and use: Exploring error analysis* [M]. New York, NY: Routledge.

Kang, S. & Lee, J. H. 2019. Are two heads always better than one? The effects of collaborative planning on L2 writing in relation to task complexity [J]. *Journal of Second Language Writing*, 45: 61–72.

Kirschner, F., Paas, F. & Kirschner, P. A. 2011. Task complexity as a driver for collaborative learning efficiency: The collective working-memory effect [J]. *Applied Cognitive Psychology*, 25(4): 615–624. .

Lally, C. G. 2000. First language influences in second language composition: The effect of pre-writing [J]. *Foreign Language Annals*, 33(4): 428–432.

Lee, J. & Burch, A. 2017. Collaborative planning in process: An ethnomethodological perspective [J]. *TESOL Quarterly*, 51(3): 536–575.

Li, H. H., Zhang, L. J. & Parr, J. M. 2020. Small-group student talk before individual writing in tertiary English writing classrooms in China: Nature and insights [J]. *Frontiers in Psychology*, 11: 1–13.

Lu, X. 2010. Automatic analysis of syntactic complexity in second language writing [J]. *International Journal of Corpus Linguistics*, 15(4): 474–496.

Lu, X. 2012. The relationship of lexical richness to the quality of ESL learners' oral narratives [J]. *The Modern Language Journal*, 96(2): 190–208.

McDonough, K. & De Vleeschauwer, J. 2019. Comparing the effect of collaborative and individual prewriting on EFL learners' writing development [J]. *Journal of Second Language Writing*, 44: 123–130.

Meraji, S. R. 2011. Planning time, strategy use, and written task production in a pedagogic vs. a testing context [J]. *Journal of Language Teaching and Research*, 2(2): 338–352.

Miller, G. A. 1956. The magical number seven, plus or minus two: Some limits on our capacity for processing information [J]. *Psychological Review*, 63(2): 81–97.

Peng, J., Wang, C. & Lu, X. 2020. Effect of the linguistic complexity of the input text on alignment, writing fluency, and writing accuracy in the continuation task [J]. *Language Teaching Research*, 24(3): 364–381.

Pickering, M. & Garrod, S. 2004. Toward a mechanistic psychology of dialogue [J]. *Behavioral and Brain Sciences*, 27(2): 169–190.

Polio, C. & Shea, M. C. 2014. An investigation into current measures of linguistic accuracy in second language writing research [J]. *Journal of Second Language Writing*, 26: 10–27.

Rahimi, M. & Zhang, L. J. 2018. Writing task complexity, students' motivational beliefs, anxiety and their writing production in English as a second language [J]. *Reading and Writing*, 32(3): 761–786.

Robinson, P. 2001. Task complexity, task difficulty, and task production: Exploring interactions in a componential framework [J]. *Applied Linguistics*, 22(1): 27–57.

Robinson, P. 2011. Task-based language learning: A review of issues [J]. *Language Learning*, 61: 1–36.

Skehan, P. 1998. *A cognitive approach to language learning* [M]. Oxford: Oxford University Press.

Tavakoli, M. & Rezazadeh, M. 2014. Individual and collaborative planning conditions: Effects on fluency, complexity, and accuracy in L2 argumentative writing [J]. *Journal of Teaching Language Skills*, 32(4): 85–110.

VanPatten, B. 1996. *Input processing and grammar instruction in second language acquisition* [M]. Norwood, NJ: Ablex Publishing Corporation.

Vygotsky, L. 1978. *Mind in society: Development of higher psychological processes* [M]. Cambridge, MA: Harvard University Press.

Wang, C. & Wang, M. 2014. Effect of alignment on L2 written production [J]. *Applied Linguistics*, 36(5): 503–526.

Wolfe-Quintero, K., Inagaki, S. & Kim, H. 1998. *Second language development in writing: Measures of fluency, accuracy, and complexity* [M]. Honolulu, HI: University of Hawai' i Press.

Xie, Y. & Zhu, D. 2023. Effects of participatory structure of pre-task planning on EFL learners' linguistic performance and alignment in the continuation writing task [J]. *System*, 114: 103008.

Yigzaw, A. 2012. Impact of L1 use in English L2 writing class [J]. *Ethiopian Journal of Education and Sciences*, 8(1): 11–27.

Zhang, X. 2017. Reading–writing integrated tasks, comprehensive corrective feedback, and EFL writing development [J]. *Language Teaching Research*, 21(2): 217–240.

陈贤文 . 2012. 中国英语学习者的文本兴趣对二语写作的影响 [D]. 广州 : 广东外语外贸大学 .

姜琳，陈锦 . 2015. 读后续写对英语写作语言准确性、复杂性和流利性发展的影响 [J]. 现代外语，(3): 366–375.

李佳仪 . 2019. 合作式读后续写教学对高中英语写作焦虑的实验研究 [D]. 呼和浩特 : 内蒙古师范大学 .

李佩 . 2019. 高中英语课堂结对互动中的同伴支架研究 [D]. 太原 : 山西师范大学 .

罗诗琦 . 2021. 同伴互助学习对高中英语读后续写写作能力的影响研究 [D]. 重庆 : 西南大学 .

庞颖欣 . 2014. 读后续写任务中同伴互动模式对协同效果的影响 [D]. 广州 : 广东外语外贸大学 .

沈莹莹 . 2020. 读后续写中同伴互动模式对初中生写作质量的影响 [D]. 南京 : 南京师范大学 .

王初明 . 2012. 读后续写——提高外语学习效率的一种有效方法 [J]. 外语界，(5): 2–7.

王初明 . 2015. 读后续写何以有效促学 [J]. 外语教学与研究，(5): 753–762.

王初明 . 2016. 以续促学 [J]. 现代外语，(6): 784–793.

王初明 . 2017. 从"以写促学"到"以续促学" [J]. 外语教学与研究，(4): 547–556.

王初明 . 2021. 语言习得过程 : 创造性构建抑或创造性模仿 [J]. 现代外语，(5): 585–591.

王敏，王初明 . 2014. 读后续写的协同效应 [J]. 现代外语，(4): 501–512.

辛声 . 2017. 读后续写任务条件对二语语法结构习得的影响 [J]. 现代外语，(4): 507–517.

杨连瑞，宋嘉伟，杨梅 . 2024. 基于续论的二语词汇习得研究述评 [J]. 北京第二外国语学院学报，(3): 30–44.

张秀芹，张倩 . 2017. 不同体裁读后续写对协同的影响差异研究 [J]. 外语界，(3): 90–96.

周晓 . 2018. 多维互动模式对二语词汇习得的影响 [J]. 现代外语，(5): 647–660.

作者简介

谢元花，广东外语外贸大学英语语言文化学院教授、博士生导师、博士后合作导师。主要研究方向为第二语言习得、外语教学、任务型教学等。电子邮箱：199910268@gdufs.edu.cn

方俊英，广东外语外贸大学语言学硕士，深圳市龙岗区南湾实验小学教师。主要研究研究方向为第二语言习得。电子邮箱：1912625896@qq.com

梁美琼，广东外语外贸大学博士研究生。主要研究方向为第二语言习得、任务型教学。电子邮箱：20230120016@mail.gdufs.edu.cn

Effects of partners' L2 proficiency in collaborative planning on high school students' linguistic performance and alignment in the continuation writing task

XIE Yuanhua, FANG Junying & LIANG Meiqiong

Abstract: Although pre-task planning has received conciderable attention in the realm of second language acquisition, limited research has been conducted on the role of collaborative planning, resulting in inconclusive findings in terms of L2 learning. Moreover, there is no in-depth exploration of the impact of partners' L2 proficiency in collaborative planning on language performance and alignment in continuation writing tasks. Therefore, 86 high school students were recruited and assigned into six groups (three high and three low) with three pairing types (i.e., H1-H3, H2-L3, L1-L2) to plan collaboratively in a continuation writing task. Statistical analyses of the collected data revealed: 1) both high- and low-proficiency learners achieved better language performance when paired with learners of the same language proficiency; 2) regardless of L2 proficiency, learners gained stronger alignment in their writing when paired with low-proficiency learners; 3) despite various pairings in collaborative planning, the greater the alignment was, the more complex or accurate their writing was. These findings shed new light on the design of tasks in language teaching and testing.

Keywords: collaborative planning; partners' L2 proficiency; continuation writing task; linguistic performance; alignment

基于 Rasch 模型的
英语学科思维品质测评研究
——以思维的批判性为例[1]

马利红

北京理工大学

提 要： 随着《普通高中英语课程标准（2017年版）》的颁布，英语学科思维品质测评研究受到广泛关注。然而，以往研究主要集中在理论探讨层面，缺乏测评工具的研发及效度检验。本研究以思维的批判性测评为例，基于读写结合写作任务研发思维批判性评估工具，并通过 Rasch 模型对其效度进行验证。研究结果表明，读写结合的评估方式不仅符合模型预期，而且在评分一致性、题目难度与受试能力匹配度，以及难度和区分度的合理分布等方面表现良好。本研究在开发和修正思维批判性评估工具过程中所采用的方法和效度验证步骤，为英语学科核心素养测评研究提供了经验和参考。

关键词： 英语学科核心素养；思维品质；批判性；读写结合；Rasch 模型

1. 研究缘起

随着《普通高中英语课程标准（2017年版）》（以下简称《课标》）颁布，高中英语学业水平考试和高考日益重视对英语学科核心素养的考查（程晓堂 2017）。以往英语学科核心素养测评研究多局限于理论层面，如对测评构想、命题方向、测试内容和题型的讨论（程晓堂 2017，2018），或者从理论上探索如何运用档案袋和阅读圈任务等方法来评价英语学科核心素养（罗少茜、张玉美 2020），而对评估工具开发及其效度验证关注较少。因此，作为英语学科核心素养的关键组成部分，思维品质的评估亟需实证研究支撑，以确保评估工具的质量和适用性得到有效验证。

思维品质指反映个体思维能力与水平差异的思维质量（刘道义 2018）。根据《课标》，英语学科思维品质涉及深入分析语言和文化现象、有效整理和概括信息、构建新概念、

---

[1] 本文系国家教育考试科研规划 2021 年度重点课题"新高考背景下英语学科核心素养测评研究"（课题编号：GJK2021011）的部分成果。

准确推断逻辑关系、客观评估不同观点、表达具有创新性的见解，以及运用英语进行独立与创新思考的能力，涵盖思维的逻辑性、批判性和创新性（中华人民共和国教育部 2018）。其中，思维的批判性是基于客观标准进行深度思考和解决问题的品质，突出了在思维活动中独立思考与理性批判的重要性（林崇德 2005）。鉴于此，本研究将聚焦思维批判性的评估。

以往思维批判性评估研究多集中于心理学和教育学领域，强调评估证据、分析论证和反思评价的重要性（Liu et al. 2014）。近年来，在英语学科，思维批判性测评研究[2]逐渐受到关注。这些研究重点分析学生在写作过程中如何展示批判性思维，如通过评价他们对论点的分析、证据的使用和逻辑推理能力，来衡量其思维批判性水平。总体而言，相关研究聚焦评价模型或评价框架构建、评价标准编制、评估指标提出、效度验证四个方面。其一，构建英语写作思维批判性评价模型或框架，如议论文写作中的图尔敏论证模型（Qin & Karabacak 2010）、议论文写作思辨能力评价框架（马利红 2021a）、英语写作中的思辨能力表征框架（陈则航等 2016）。其二，编制英语写作思维批判性评价标准，如英语写作思辨质量评价标准（穆从军 2016）、议论文写作思辨能力评价标准（马利红 2019）。其三，构建英语写作思维批判性评估指标，如英语硕士论文文献综述部分思辨能力评估指标（濮实 2018）。其四，对英语写作思维批判性评价进行效度验证，如基于论证的英语写作思辨能力评价效度验证（马利红 2021b）、基于多面 Rasch 模型的英语写作思辨能力评价效度验证（马利红、刘坚 2021）。

综上，以往研究对思维批判性评估进行积极探索并提出诸多识见，但在题目设计方法和评估工具质量方面的深入分析相对不足。具体而言，一些研究未能充分考虑题目设计的多样性和复杂性，影响了评估结果的准确性和可靠性。同时，一些评估工具在设计上存在局限，如题目类型单一、评分标准不清晰等，影响了对学生思维批判性水平的准确评估。此外，以往研究多依赖经验总结，偶尔有小范围的实证研究，缺乏大规模实证研究的支持。鉴于此，本研究旨在开发英语学科思维批判性测评试题，并采用 Rasch 模型检验测评工具的有效性。

---

[2] 在现有研究文献中，"思辨能力"与"批判性思维"通常都被认为与思维批判性相关，尽管存在微妙的差异，在本研究框架和研究目的中，这两者的含义基本相同。为了避免术语混淆并增强文章的一致性，笔者决定在全文中统一使用"思维批判性"这一术语。

2. 思维批判性测评工具的开发与修正

读写结合任务具有综合性、互动性和动态性特点，有可能成为评估和培养学生思维批判性的有效工具（张新玲、张思雨 2017），故本研究开发的思维批判性评估工具采用读写结合任务。

2.1 试题开发

考虑到情境创设在英语学科核心素养测评中的重要价值（赵连杰 2021），本研究命制的英语读写试题由情境性材料和问题设定两部分构成。情境性材料与高中生的认知能力相匹配，且具有积极价值导向；问题设定旨在触发学生思维的批判性，促使他们确立并捍卫自己的观点。读写试题的研制过程包括确定测评框架、明确写作任务类型、确定写作主题和题型、试题编写等阶段。

2.1.1 确定测评框架

根据《课标》对学业水平考试与高考命题建议，高中英语"写作试题可以引导学生对现象、观点、情感态度进行比较和分析，并在此基础上发表或表明自己的观点、态度和价值判断，以考查学生的思维能力"（中华人民共和国教育部，2018：94）。这对高中生表达观点、阐释评价和形成结论等思维品质提出了明确要求，尤其对思维的批判性要求较高。基于这一要求，马利红（2021a）构建了高中英语写作思辨能力评价框架，涵盖提出问题、表达观点、提供证据、推理论证、得出结论、阐释评价六个指标。这一框架已经过效度验证，表明其在测评高中学生思维批判性方面发挥了积极作用（马利红、刘坚 2021）。鉴于此，本研究将依据这一评价框架编制英语读写试题。

2.1.2 明确写作任务类型

根据认知需求，写作任务可分为信息型、观点型和推理型三类。其中，观点型任务要求学生针对特定主题提出观点、构建论证，并有逻辑地维护自己的立场（Prabhu 1987）。这种任务类型具有独特的优势，不仅能够激发学生思维的批判性，还能有效评估其思维深度和逻辑严谨性（马利红 2021b）。鉴于此，本研究选择观点型任务作为写作任务类型，以充分利用其在促进思维批判性方面的潜力。

2.1.3 确定写作主题和题型

思维批判性的质量往往与话题内容有关，熟悉话题和文本材料中的固有矛盾更易触发思维的批判性（Stapleton 2001）。鉴于此，本研究选择充满矛盾和争议的熟悉话题作为语言材料，旨在让学生深入分析既熟悉又存在分歧的话题，提出观点，以考查学生思维的批判性。基于对 10 名高中生的焦点小组访谈以及对当前社会发展趋势的分析，本研究选择"中学生智能手机使用"作为写作主题，旨在激发学生对这一社会现象进行批判性思考。此外，Krashen（1981）提出的可理解性输入假设强调在语言习得过程中信息输入的关键作用。而阅读作为一种重要的语言输入手段，可为学生提供有价值的素材，帮助他们形成观点，催生写作输出。通过将阅读与写作相结合，以读促写，学生不仅能够获取信息，还能够形成独立见解，并运用已有知识来解释、论证和评价相关问题，这与思维批判性评估高度契合。鉴于此，本研究采用读写结合的形式，重点关注中学生智能手机使用问题。

2.1.4 试题编写

本研究使用 *Global Times*（《环球时报》英文版）和 *China Daily*（《中国日报》）中有关智能手机话题的英文文献资料作为命题素材。试题初稿完成后，两位经验丰富的高中英语教师对语言材料的难度进行了评估。研究者根据评估结果对初稿作出调整。对于复杂度过高的词汇，进行了同义词替换；对于晦涩难懂的句子，进行了简化处理，以消除学生在语言理解方面的潜在障碍。随后，两位英语母语者对试题进行了语言润色，以确保题目表述清晰、无歧义。最后，研究者运用 Flesch 易读度指标评估试题文本的可读性，确保阅读材料与高中学生的英语阅读能力相匹配。考虑到时间压力可能会影响学生的思维批判性，本研究将写作时间延长至高考英语写作测试时间的两倍，以确保学生有足够的时间进行思考和论证。

2.2 试题修订

试题修订有助于确保试题内容与《课标》所规定的课程目标和学业质量水平保持一致，避免试题出现模糊、歧义或偏颇等问题，保证考试的客观性和公正性。本研究根据专家审题意见和试测结果，对试题进行修订和优化。

2.2.1 专家审题

为进一步确保读写试题的内容效度，研究者邀请两位语言测试专家和五位高中英语教师对试题进行审查，并根据他们的建议调整阅读材料的结构，以确保正方和反方观点的文字量平衡。同时，考虑到受试的年龄特征、语言能力、生活经验和心智发展水平，研究者修订了测试指导语，突出对思维批判性的考查。

2.2.2 第一轮试测及修订

第一轮试测涵盖 P 市某外国语高中的 90 名学生，旨在检验受试作答是否符合测试的设计预期，同时评估题目的难度、区分度、信度和效度。根据统计结果，此次试测的读写结合试题在提出问题、表达观点、提供证据、推理论证、得出结论和阐释评价等评分点上的 Alpha 信度系数为 0.678。虽然还有改进的空间，但难度、区分度以及各评分点的人数分布均达到了测量学要求[3]。

随后，研究者选取 20 名参测学生进行焦点小组访谈，以了解学生的作答过程和感受。基于访谈结果，研究者对阅读材料和指导语进行了修改和完善。具体而言，研究者删除了阅读材料中的冗余内容，替换了受访学生提到的生词；简化了写作指令，并参考 GRE 分析性写作要求，突出举证能力。

2.2.3 第二轮试测

根据测量学规范，修订后的题目需要重新进行试测，在题目质量得到充分验证后才能进行正测。按照方便抽样原则，本研究的第二次试测涵盖 P 市某县级重点高中 54 名学生。测试在学生晚自习时间进行，学生的作答由研究者和一名博士生共同评阅。数据结果显示，此次试测的 Alpha 信度系数为 0.825，达到测量学要求。然后，研究者根据经典测验理论，从难度、区分度以及各评分点人数比例对修订后的写作题目质量进行分析（见表 1）。

表 1 英语写作试题质量分析（第二次试测）

项目	难度	区分度	各评分点人数比例 (%)				
			0	1	2	3	4
1. 提出问题	0.57	0.74	4	26	22	35	13
2. 表达观点	0.66	0.79	9	2	30	35	24
3. 提供证据	0.63	0.80	6	9	33	33	19
4. 推理论证	0.43	0.72	4	43	33	18	2
5. 得出结论	0.63	0.50	4	6	37	42	11
6. 阐释评价	0.46	0.80	13	19	48	13	7

可见，修订后的写作测试在区分度和难度分布上表现合理，各评分等级均有一定数量的学生分布，达到了测量学要求。接下来，该试题将用于正测，以进一步验证基于读写结合的思维批判性评价效度。

3. 思维批判性测评工具质量分析

考虑到 Rasch 模型在测评质量分析中的关键作用，本研究采用 Rasch 模型对思维批判性测试工具进行深入分析，以确保其有效性和可靠性。

---

[3] 合理的试题难度应使大多数学生既能有机会作答，又能有效区分不同水平的学生。通常，难度在 0.3 至 0.7 之间被认为是理想范围。高区分度的试题能够有效区分不同能力的学生，区分度一般应在 0.3 以上，低于 0.2 则表明试题未能有效区分不同能力水平的学生。另外，不同能力水平的受试在各评分点上的表现应呈现正态分布。

3.1 样本信息

为确保研究的科学性与代表性，共有六所学校的 913 名高中学生参与测试，其中男生占 43.2%，女生占 56.8%，平均年龄为 16.7 岁。测试开始前，研究者明确告知学生该测试仅用于学术研究目的，与他们的学业成绩无关。测试完成后，研究者对收集到的学生作答进行编号，删除无效作答后，共获得有效样本 900 份。

3.2 评分情况

本研究在英语写作思辨能力评价框架（马利红 2021a）的基础上，结合读写结合写作任务的特点，采用分项评分法编制评分标准。该标准不仅注重语言表达和结构组织，还更加关注学生对阅读材料的理解和分析、对观点的评价，以及他们的逻辑推理的准确性。经过初步制定评分标准、修订、专家审阅、试评、试评数据分析、再次修订等步骤，形成最终评分标准。最终确定的评分标准涵盖提出问题、表达观点、提供证据、推理论证、得出结论、阐释评价六个评分点，以及 0、1、2、3、4 五个等级水平。两位评分员独立评分，取二者均值为最终得分。当二者评分差异超过 3 时，邀请第三位评分员进行评分。研究者对 10% 的评分进行抽查，确保评分员能够严格按照评分标准评分。

3.3 测评工具质量分析

作为项目反应理论（Item Response Theory，简称 IRT）的关键组成部分，Rasch 模型通过受试的答题表现来测量无法直接观察到的受试潜在特质。受试关于特定题目的答题正确率可以通过受试能力与题目难度之间的特征函数来确定，这使得通过 Rasch 模型获取题目的难度参数更加准确和稳定。本研究使用 Rasch 模型分析软件 Conquest 对思维批判性测评工具进行质量分析，从测试的维度、总体拟合、信度和项目适配度等方面进行评估。通过怀特图（Wright Map）了解测验的整体情况，包括题目难度水平和受试能力水平。此外，本研究还通过项目拟合度检验、项目特征曲线等方式反映试题质量，为优化思维批判性题目设计提供测量学方面的参考依据。

3.3.1 测评工具整体质量分析

基于 Rasch 模型的思维批判性测量工具质量评估指标包括题目难度估计（Estimate）、标准误差（S.E.）、数据与模型的拟合程度（包括加权拟合 / 非加权拟合的 MNSQ 值。其中，非加权拟合的 MNSQ 值为无偏拟合统计量，对离群值敏感；加权拟合的 MNSQ 值为加权拟合统计量，对模型预测附近的点更敏感。MNSQ 值越接近 1，表示拟合度越好，通常可接受的范围为 0.5—1.5）、可分辨度（通常用于衡量项目之间的差异程度，其数值越接近 1，表示项目之间存在显著差异；而接近 0 则表明项目之间的差异较小）。根据表 2，思维批判性测评工具的特征与模型期望的特征匹配程度较好，六个评分点的拟合指数均在可接受范围内（$0.9 \leq MNSQ \leq 1.14$），可分辨度较高（0.950）。

表 2　模型拟合与误差统计表

项目	难度估计	标准误差	非加权拟合 MNSQ	加权拟合 MNSQ
1. 提出问题	0.407	0.039	0.99	0.99
2. 表达观点	0.430	0.033	0.90	0.90
3. 提供证据	0.295	0.039	0.94	0.94
4. 推理论证	0.736	0.033	1.17	1.14
5. 得出结论	0.480	0.035	0.99	0.99
6. 阐释评价	0.313	0.034	1.02	0.99

注：可分辨度 = 0.950

3.3.2 项目 - 受试对应分析

Rasch 模型可将受试能力水平和项目难度放置在同一度量尺上，得到一个描述项目难度与受试能力关系的怀特图。在图 1 中，中心的竖线代表 logit 度量尺，该线左侧是受试能力分布，其中每个 X 代表 6.4 个受试，该线右侧是项目难度分布，从下到上对应的难度值逐渐增加。根据图 1，提出问题、表达观点、提供证据、推理论证、得出结论、阐释评价等评分点及其评分等级分布范围较广，且基本均匀。同时，受试能力分布也大体遵循正态分布，项目难度值涵盖了所有受试的能力范围，表明项目难度与受试能力匹配较好。

根据图 1，受试在第一评分点（提出问题）和第二评分点（表达观点）的能力存在一定相似性，但在第二评分点表现稍好。这可能反映出受试在表达自己的立场时更加自信，但在提出新问题时仍然存在挑战。第三评分点（提供证据）的评分难度中等，这可能是因为大部分受试能够较为准确地提供所需的证据，但在某些情况下，受试可能会遇到难以确定证据的情况，导致评分难度略有增加。此外，第四和第五评分点（推理论证、得出结论）的评分难度相对较大，这可能反映了受试在进行推理和论证的过程中存在一定困难，同时也反映出，得出结论需要较强的逻辑思维能力。

需要说明的是，第六评分点（阐释评价）未得到充分展现，这可能是由于该评分点涉及对结论的解释和对论证有效性的评价，其难度受到多个因素的影响，例如学生对问题的理解程度，以及他们的逻辑思维能力和批判性思维水平。这些因素影响了学生对材料的理解深度和广度，并进一步影响他们在分析和评价论证过程中形成结论的

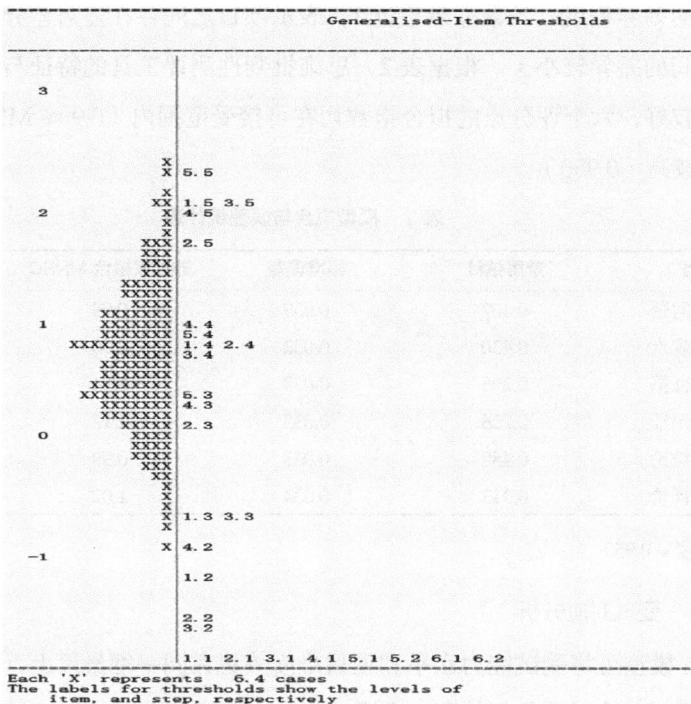

图1　评分点难度与学生能力分布对应图

能力。尽管模型数据整体表现良好，但第六评分点在分布图上几乎不可见。这可能是
因为在这个评分点上，学生的表现普遍较为接近基础水平，导致在评分分布上没有明
显差异。

3.3.3 项目特征曲线

项目特征曲线（Item Characteristic Curves）展现了受试在不同潜在特质分数下
的正确答题概率。当潜在特质分数增大时，正确答题的概率也随之增加。此外，此曲
线的特定形态和位置揭示了有关题目难度和区分度的信息。曲线与 X 轴交汇的中点位
置反映了题目难度，位于这一点的潜在特质分数表示在该能力水平下，受试正确答题
的概率为 50%。曲线的斜率揭示了题目的区分度，斜率越陡峭，说明题目的区分度越
高，越能有效地区分不同能力水平的受试。图 2 至图 7 呈现了提出问题、表达观点、
提供证据、推理论证、得出结论、阐释评价六个评分点的项目特征曲线。其中横坐标
代表受试的潜在能力（即特质水平分数），纵坐标代表答题正确的概率。这些项目特
征曲线在五个评分等级上均拟合良好，并且持续呈现单调递增的趋势，表明受试的潜
在能力越强，获得更高评分的概率越高，有利于有效区分不同能力水平的受试。

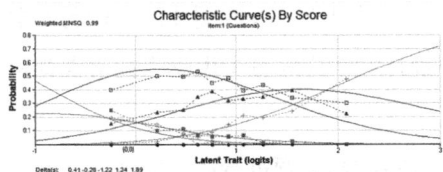

图 2　提出问题

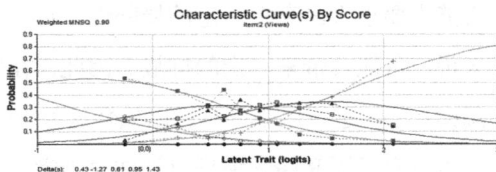

图 3　表达观点

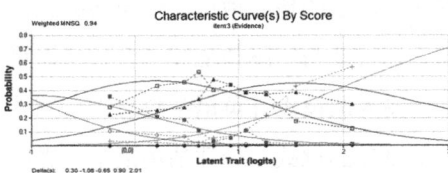

图 4　提供证据

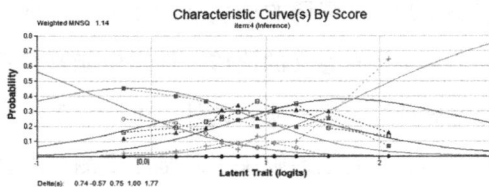

图 5　推理论证

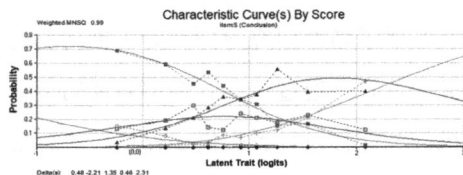

图 6　得出结论

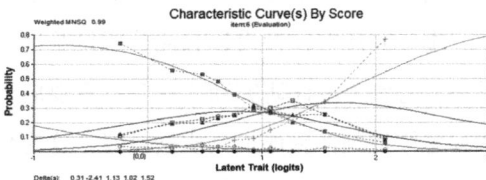

图 7　阐释评价

　　综上，通过 Rasch 模型检验，本研究开发的思维批判性测评工具具有可靠性和科学性。这表明该工具能够有效地评估受试的思维批判性水平，并具备较高的测量精度和信度，为后续相关研究和教学实践提供了可靠的测评工具和参考依据。这一结果也进一步验证了采用读写结合形式进行思维批判性评估的有效性和合理性。

4. 结论与讨论

　　本研究验证了读写结合写作任务作为思维批判性评估工具的有效性。通过阅读材料，学生不仅需要理解和分析观点，还需在写作中表达自己的立场和评价，从而展现其思维批判性的深度和广度。与口语表达相比，写作任务能够更精细地记录和分析学生的思考过程，便于观察其逻辑推理和论证技巧（张新玲、张思雨 2017；马利红2019）。此外，写作任务比选择题更能考查学生对复杂问题的理解和分析能力，有助于发掘学生潜在的思维能力和问题解决能力。尽管如此，读写结合任务在时间要求和语言能力要求方面存在一定的局限性，特别是对于非母语学习者或阅读能力较弱的学生来说，可能会带来一定的挑战。因此，在任务设计时，应充分考虑学生的语言背景和阅读水平，进行适当调整，以减轻这些影响。

本研究运用 Rasch 模型对评估思维批判性的读写结合试题进行质量验证，这不仅为程晓堂（2017）的理论观点提供了实证支持，也能为英语学科核心素养测评研究提供参考与借鉴。具体而言，本研究采用基于情境材料的读写结合设计，充分体现了赵连杰（2021）强调的情境创设在英语学科核心素养测评中的核心地位。情境能够提供一个真实且有意义的语境，使学生能够将所学知识和技能与实际情境相结合，从而更好地展现其思维品质。此外，本研究基于可理解性输入假设设计英语学科思维批判性测评试题，有效地解决了思维品质测试内容和题型设计的挑战，为评估英语学科思维品质提供了新的路径。再者，本研究在评分质量的验证方面与陈康（2018）以及陈康、张洁（2020）的研究高度契合，进一步强调了评分方法的科学性与可靠性，为未来思维批判性评估领域的研究与实践奠定了更加坚实的基础。

本研究还在题型设计和评分质量验证等领域开辟了新的研究方向，对于推动英语学科核心素养测评研究和实践具有重要启示意义。首先，通过 Rasch 模型验证的英语学科思维批判性测评工具质量良好，这为教育机构和课程设计者提供了评估学生思维批判性的有效工具。同时，也可以帮助学校跟踪学生在思维批判性方面的发展和进步，从而制订个性化的学习计划，提供有针对性的资源支持。然而，该工具在实际应用中可能会面临一些挑战，如教师的接受程度、学生的适应性以及教学资源的限制。其次，英语学科思维批判性测评工具的研发和修正过程对于规范英语学科核心素养测评试题的任务设计、任务类型、任务复杂度、任务结构、评分方法等具有借鉴意义。这不仅为落实《国务院关于深化考试招生制度改革的实施意见》和《深化新时代教育评价改革总体方案》提供了决策依据，而且对于落实《课标》提出的英语学科核心素养培养和评价要求也具有参考价值。

毋庸置疑，本研究存在许多不足之处，如测评工具开发只关注思维的批判性，对思维的逻辑性和创新性关注不够，评分标准尚具主观性等。未来的研究可探索将不同的评估方法整合应用，以综合评估学生的思维批判性，如结合口头表达、书面表达和项目作业等多种形式；开发更具客观性和标准化的评分标准，以提高评估结果的可靠性和准确性；利用技术手段如自然语言处理、机器学习等，开发智能评估系统，辅助评估过程，并提供更加个性化的反馈和指导。

参考文献

Krashen, S. D. 1981. *Second language acquisition and second language learning* [M]. Oxford: Pergamon Press Inc.

Liu, O. L., Frankel, L. & Roohr, K. C. 2014. *Assessing critical thinking in higher education: Current state and directions for next-generation assessment* [R]. ETS Research Report No. RR–14-10. Princeton, NJ: Educational Testing Service.

Prabhu, N. S. 1987. *Second language pedagogy* [M]. Oxford: Oxford University Press.

Qin, J. & Karabacak, E. 2010. The analysis of Toulmin elements in Chinese EFL university argumentative writing [J]. *System*, 38(3): 444–456.

Stapleton, P. 2001. Assessing critical thinking in the writing of Japanese university students: Insights about assumptions and content familiarity [J]. *Written Communication*, 8(4): 506–548.

陈康 . 2018. 高考英语科写作新题型的概化理论研究 [J]. 中国考试 , (3): 27–31.

陈康 , 张洁 . 2020. 高考英语读后续写题型评分质量保障研究 [J]. 中国考试 , (12): 38–43.

陈则航 , 邹敏 , 李晓芳 , 等 . 2016. 构建英语写作中思辨能力表征框架 [J]. 中国外语教育 , (3): 11–19.

程晓堂 . 2017. 英语学科核心素养及其测评 [J]. 中国考试 , (5): 7–14.

程晓堂 . 2018. 基于问题情境的英语考试命题理念与技术 [J]. 中国考试 , (12): 1–8.

林崇德 . 2005. 培养思维品质是发展智能的突破口 [J]. 国家教育行政学院学报 , (9): 21–26+32.

刘道义 . 2018. 谈英语学科素养——思维品质 [J]. 课程·教材·教法 , (8): 80–85.

罗少茜 , 张玉美 . 2020. 阅读圈任务在英语学科核心素养教学与评价中的应用 [J]. 外语教育研究前沿 , (3): 27–33.

马利红 . 2019. 高中英语写作中的批判性思维评价框架构建及效度验证 [D]. 北京 : 北京师范大学 .

马利红 . 2021a. 外语写作思辨能力评价指标构建———一项基于德尔菲法的研究 [J]. 语言教育 , (2): 23–27.

马利红 . 2021b. 基于论证的英语写作思辨能力评价效度研究 [J]. 现代外语 , (5): 694–703.

马利红 , 刘坚 . 2021. 外语写作思辨能力评价效度研究——基于多面 Rasch 模型分析 [J]. 外语教学理论与实践 , (2): 97–107+115.

穆从军 . 2016. 英语专业学生的写作思辨能力调查 [J]. 现代外语 , (5): 693–703.

濮实 . 2018. 文献综述写作中思辨能力的评估指标 [J]. 外语与外语教学 , (6): 107–117.

张新玲 , 张思雨 . 2017. 综合性读写结合写作能力构念实证研究——中国英语能力等级量表框架视角 [J]. 外语界 , (5): 22–31.

赵连杰 . 2021. 基于情境效度测评英语学科核心素养的试题命制与改进 [J]. 中国考试 , (2): 40–46.

中华人民共和国教育部 . 2018. 普通高中英语课程标准 (2017 年版)[S]. 北京 : 人民教育出版社 .

作者简介

马利红，北京理工大学外国语学院长聘教授，博士生导师。主要研究方向为二语习得、外语教育、教师教育。电子邮箱：malihong1980@126.com

Assessing English thinking quality using the Rasch model: A case study on criticality of thinking

MA Lihong

Abstract: With the release of the National High School English Curriculum Standards (2017 Edition), research on the assessment of thinking quality in the English subject has gained widespread attention. However, previous studies have predominantly centered on theoretical exploration, with limited emphasis on developing and validating assessment tools. This study took the evaluation of critical thinking as an example, developing a critical thinking assessment tool based on a reading-writing integrated task and validating its validity using the Rasch model. The results showed that the integrated assessment approach not only met the model's expectations but also performed well in terms of scoring consistency, alignment of task difficulty with test-taker ability, and distribution of item difficulty and item discrimination. The methods and validation steps employed in the development and refinement of the critical thinking assessment tool offer valuable insights and serve as a useful reference for research on assessing core literacy in English.

Keywords: English core literacy; thinking quality; criticality; reading and writing; Rasch model

中小学英语教师在线评估素养研究 *

邵思源[1]　　陆敏艺[2]　　李四清[3]

[1][2] 上海外国语大学　　[3] 上海师范大学

提　要： 教师评估是提升教学效能的关键。本研究旨在剖析中小学英语教师在线评估素养的现状，通过编制中小学英语教师在线评估素养的测评量表，对全国 387 名中小学英语教师的在线评估素养（即在线评估态度、在线评估知识和在线评估技能）进行了问卷调查。结果发现：该部分教师群体普遍对在线评估持积极态度，且认可信息技术在在线评估过程中的促进作用；但其在线评估知识掌握水平相对较低，在线评估技能也相对不足，存在较大提升空间。此外，质化研究进一步剖析了 6 位教师在在线评估实践中所遇到的心理层面、技术层面和环境层面的挑战。本研究对提升教师在线评估实践有效性提供了一定启示。

关键词： 英语教师；评估素养；在线评估

1. 引言

当下，线上教学已成为常见教学形态，对教育范式的改革产生了深远影响。外语线上教学具有自由性、技术性与互动性等特点（张洁、赵柯 2021）。因此，外语教师更需善于利用线上教学手段增强课堂互动，有效评估学生的学习过程与结果，并运用评估反馈与结果提升学生的学习效果，从而保证线上教学质量（许悦婷、陶坚 2020）。近年来，在线评估在提升线上教学质量中的关键作用已成为我国教育政策关注的重点。《深化新时代教育评价改革总体方案》强调"充分利用信息技术，提高教育评价的科学性、专业性、客观性"（中共中央、国务院 2020）。《教育信息化十年发展规划（2011—2020 年）》也提出重视信息技术，深化我国信息技术与教育教学深度融合的发展（中华人民共和国教育部 2012）。鉴于此，如何帮助中小学英语教师有效利用信息技术，提高教育评估的科学性和专业性，已成为一项亟待解决的重要议题。本研究旨在探索基础教育阶段英语教师的在线评估素养，以期提升在线评估的有效性。

* 本文系 2021 年上海市社科规划年度课题"言语互动视阈下英语教师话语功能与机制研究"（课题编号：2021ZYY002）、中央高校基本科研业务费资助项目"社会网络视阈下师生反馈联动发展机制研究"（项目编号：2021114025）和上海外国语大学多语种智慧教育重点实验室资助项目"基于在线语言学习的师生反馈机制研究"（项目编号：B202204）成果。

2. 国内外研究现状

　　教师评估素养的发展历程大致可分为四个阶段：第一阶段聚焦于评估内涵的探讨及好的评估行为的界定（Stiggins 1999；Volante & Fazio 2007）；第二阶段将评估素养与学生学习及教学改进相关联（Wilson et al. 2001；许悦婷、刘永灿 2008）；第三阶段逐渐转向对教师课堂评估素养的理解，以及对职前与在职教师的培训（Deluca & Johnson 2017；郑东辉 2010）；第四阶段则伴随信息技术的发展，聚焦于拓展在线环境下技术赋能的教师评估素养（Eyal 2012；Shao 2023）。语言评估素养是从普通教育评估素养领域衍生而来，主要是指语言教师所具备的理解语言评估原则和实践，以及运用评估结果来改进教学的能力。目前，国内外关于语言评估素养的构成要素主要从以下三个视角展开讨论：从教师发展视角，语言评估素养主要是由测评的社会环境、对语言能力的定义和描述、命制并评估语言测试试题、语言课程中的测评及测评实践等模块组成；从社会建构主义视角，语言评估素养主要是由评估素养技能和特定语言技能组成的语言评估知识库构成，即"评什么""为何评"和"怎么评"；系统论视角则构建了一个全面、动态的教师评估素养体系，包括语言评估的实践能力、评估过程、原则和理念，以及环境因素（金艳 2018；林敦来 2019；邵思源、陈舜婷 2021）。基于以上对语言评估素养的讨论，本研究中，英语教师语言评估素养的构成要素主要包括以下三个方面：评估态度、评估知识和评估技能（Xu & Brown 2016；赵雪晶 2014）。其中，评估态度是指教师的情感态度，与教师对评估的信念和价值观密切相关，属于较为上位的概念。评估态度被认为是教师不断完善评估知识与技能发展的动力因素，是教师评估能力的基础。评估知识是指教师进行评估活动所需具备的综合知识。评估技能则是指教师在评估实践过程中，能够明确评估目标，并根据学生学习情况和教学目标等设计、调整与运用评估方法，以及合理解释评估结果的技能。

　　随着教师评估素养内涵的日益丰富，相关实证研究正处于蓬勃发展的阶段。学者们从教师评估素养的现状、影响因素及发展路径等多维度展开了深入探索。其中，对于评估素养现状的研究发现，外语教师的评估意识相对薄弱，评估在教学中的应用存在明显不足，教师评估素养水平普遍较低（Isik & Sari 2021；Latif 2021；江进林 2019）。此外，教师评估素养的影响因素也是学界关注的焦点。不少研究表明，教龄、职前培训、学段、学历等因素可能对教师评估素养产生影响（Crusan et al. 2016；Afshar & Ranjbar 2021；Ma & Bui 2021；王亚南、王京华 2023）。与此同时，教师评估素养的发展路径也受到关注。研究显示，在职教师的培训方式、基于课堂的教师评估实践经验以及教师的自主性等，在提升教师评估素养方面具有重要作用（顾永琦、罗少茜 2023）。

然而，线上教学环境使评估任务变得更为复杂。因此，教师需具备根据线上教学特点开展有效评估的能力，并掌握相应的评估知识与技能（Eyal 2012）。在线评估素养是指教师能够利用技术支持来评估相关的教学实践（Estaji et al. 2024）。目前，关于在线评估素养的研究主要聚焦于在线评估工具与技术（Blundell 2021）、教师对在线评估的看法（Ibna Seraj et al. 2022）以及基于课堂的在线评估实践（Shao 2023）。从这些研究中可以发现在线评估素养存在以下问题：第一，绝大多数教师对在线评估的准备不足；第二，在线评估可能增加教师的工作量，从而导致在线评估的使用频率下降；第三，在线评估需根据在线教学的目的和方法进行设计和实施，这对教师提出了较大挑战；第四，在线评估的信度和效度仍存在争议（许悦婷、邱旭妍 2022）。与此同时，在线评估也带来了诸多机遇，如自动反馈、为学生定制个性化任务等。尽管目前已有不少研究对教师评估素养进行了理论建构并开展了一些实证研究，但这些研究主要关注语言测试专家（潘鸣威 2020）、教育管理者（周珊珊、赵海永 2022）和大学教师的评估素养（Xu & Liu 2009；徐鹰等 2016）以及测试课程的内容（Jin 2010），对基础阶段英语教师的关注不多，针对在线评估素养的研究更是少见。中小学英语教师能否有效开展在线课堂评估，他们又会面临哪些挑战，仍有待进一步研究。为此，本研究将探讨以下三个研究问题：

1）中小学英语教师的在线评估素养现状如何？

2）在人口学变量（教龄、学段等）的影响下，中小学英语教师在线评估素养是否存在差异？

3）中小学英语教师在在线评估过程中面临哪些主要挑战？

3. 研究方法
3.1 研究工具
3.1.1 问卷

本研究按照以下步骤编制问卷：首先，参照国内外学者提出的教师评估素养框架，将在线评估素养的核心内容拟定为在线评估态度、在线评估知识和在线评估技能三个维度，初步设计了问卷题目（Xu & Brown 2016；林敦来 2019）。随后，通过对部分中小学英语教师进行非正式访谈，确定了问卷初稿。接下来，征求三位同行专家的意见，据此对问卷内容进行了修改，并结合在线课堂教学环境对上述三个维度进行了本土化扩展。表1为中小学外语教师在线评估素养的内部构成和现实表征，也是本研究量表的编制基础。在此基础上，研究者进行了试测（信度为0.911，KMO值为0.89），并依据试测结果进一步调整问卷内容，包括优化措辞以提高清晰度（如"我相信学生具有参与英语在线课堂评估的能力"）以及结合英语线上课堂教学特点进行改进（如"几乎每周我都想办法通过线上交流了解学生的英语学习状况并给予评估"等）。三个维度均融入了对教师在线评估素养内涵的理解，更加明确地反映出教师评估素养在在线教育情境下的具体指向。经过此次修订后，形成了共包含21个题项的问卷定稿（见后文表5）。

表1　中小学外语教师在线评估素养的内部构成与现实表征

在线评估素养维度	内涵	现实表征
在线评估态度（OAA）	在线评估信念	重视在线评估以及技术支持的评估，激发学生进行自我评估
	在线评估意识	
在线评估知识（OAK）	在线评估方法的知识	了解不同种类的在线评估方法，并能够选择合适的技术支持在线评估实践
	运用在线评估结果的知识	
在线评估技能（OAS）	实际运用与调整在线评估方法	恰当地使用在线评估，如运用与调整技术支持的在线评估策略、合理解释在线评估结果等

　　问卷由两个主体部分构成：第一部分是英语教师的基本信息和个人背景，包括性别、学历、教龄、学段以及在线评估相关研习经历等信息；第二部分围绕在线评估素养的三个维度展开，包括：1）在线评估态度（Online Assessment Attitude，简称OAA，共8题）：重视在线评估以及技术支持的评估，激发学生进行自我评估；2）在线评估知识（Online Assessment Knowledge，简称OAK，共7题）：了解不同种类的在线评估方法，并能够选择合适的技术支持在线评估实践；3）在线评估技能（Online Assessment Skill，简称OAS，共6题）：恰当使用在线评估的能力（如运用与调整技术支持的评估策略、合理解释评估结果等）。

3.1.2 访谈

　　本研究采用半结构式访谈，访谈内容主要聚焦以下两个方面。首先，关注教师对在线评估（包括在线评估态度、在线评估知识和在线评估技能）的看法，并了解其在线评估实践情况。其次，深入探讨教师在在线评估中遇到的挑战及困难，并进一步追问评估实践过程中的影响因素。例如，访谈问题包括"在线评估过程中，您遇到哪些困难和挑战？""您认为在线评估中数字技术可以发挥怎样的作用？"等。访谈数据用于补充问卷结果，以更全面地呈现教师在线评估素养的现状。

3.2 研究对象

研究者采用方便取样和滚雪球的方法，通过两个全国性外语教师教研员研修班微信群发放电子问卷。被调查教师覆盖华北、华东和华南地区的 9 个省市。样本特征如下：男性占 8.79%，女性占 91.21%；本科学历占 80.62%，研究生学历占 19.38%；教龄分布涵盖 0—5 年的新手教师（28.94%）、6—10 年的熟练教师（12.66%）、11—15 年的骨干教师（42.38%）及 25 年以上的资深教师（16.02%）；学段分布涵盖小学阶段（49.87%）、初中阶段（24.29%）和高中阶段（25.84%）。样本分布具体见表 2。访谈则采用便利性和目的性抽样的方法，从小学和中学教师中抽取 6 人进行访谈（见表 3）。为保护受访者身份，本文以"T+ 数字编号"的方式指称受访教师（如 T1）。

表 2　正式调查样本分布基本情况

基本信息		样本数	占比（%）
性别	男	34	8.79
	女	353	91.21
学历	本科	312	80.62
	研究生	75	19.38
教龄	新手教师	112	28.94
	熟练教师	49	12.66
	骨干教师	164	42.38
	资深教师	62	16.02
学段	小学	193	49.87
	初中	94	24.29
	高中	100	25.84

表 3　访谈对象背景信息（n=6）

对象	性别	学段	教龄	学历	是否接受过在线评估培训
T1	女	小学	2	研究生	否
T2	女	小学	1	本科	否
T3	女	小学	12	本科	否
T4	男	中学	8	本科	是
T5	女	中学	3	研究生	是
T6	女	中学	4	研究生	是

3.3 数据收集和分析

正式电子问卷于 2021 年 10 月发放，共回收问卷 483 份。剔除作答时间小于 1 分钟且答案均为"同意"选项的无效样本后，最终获得有效样本 387 个，有效回收率为 80.12%。

本研究使用 SPSS 24.0 进行数据分析。对正式问卷的巴特利特球体检验结果为 χ^2=12,634.416，df=561，p=0.000，表明总体相关矩阵中存在公共因子。对正式问卷的 KMO 检验结果显示，KMO 值为 0.954。一般认为，KMO 值大于 0.900 表明数据非常适合进行因子分析（郭志刚 1999）。为验证测量模型的有效性，本研究对测量模型进行了验证性因子分析。模型绝对适配度指标为 χ^2/df=2.428（＜3），RMSEA=0.068（＜0.08）；增值适配度指标为 IFI=0.908（＞0.9），TLI=0.948（＞0.9），CFI=0.918（＞0.9）；简约适配度指标为 PGFI=0.642（＞0.5），PNFI=0.786（＞0.5），PCFI=0.649（＞0.5）。以上数据表明测量模型整体良好。教师在线评估素养三个维度之间的相关系数在 0.481—0.688 之间，表明各因素有独立的作用。此外，三个维度与总量表之间的相关系数在 0.799—0.879 之间，表明各维度都围绕一个共同特质。这些结果表明，该量表具有较好的结构效度。

访谈通过面谈或电话形式进行，每次持续 30—60 分钟。访谈内容均被录音并转写为文字稿。研究者主要采用内容分析法对转录文本进行多层编码（Cohen et al. 2011）。第一层为开放性编码，研究者通过反复阅读转录文本，标注与研究问题相关的文本选句（段），共计 63 个一级编码。随后进行轴向编码，研究者按照一级编码将在线评估挑战归纳为三类（见表 4）。

表 4　在线评估挑战编码结果示例

主题	分类	具体表现
心理层面的挑战	教师因素	缺少在线评估的经验，压力很大……（T2） 我不知道这些评估活动是否能够真正促进学生的学习……（T3）
技术层面的挑战	技术因素	为了调动学生学习积极性，我开始自学视频制作，这个过程对我很有挑战（T1） 有一些线上教学经验，但是在平台操作中还是会手忙脚乱（T4）
环境层面的挑战	环境因素	学生人数对在线评估影响较大（T5） 线上互动少了很多，学生收到作业反馈后是否理解，我也不知道（T6）

4. 研究结果与讨论

4.1 中小学英语教师在线评估素养现状

表 5　在线评估素养量表的探索性因子和描述性统计结果

题项	因子载荷		
	评估态度	评估知识	评估技能
在线评估态度（OAA）	特征值 =6.342，Cronbach's alpha=0.959，M=4.303，SD=0.817		
1. 我认为教师和学生都是在线评估的主体，包括教师评价、学生自评和同伴互评。	0.783		
2. 我认为掌握英语课堂在线评估知识和研究中小学英语学科的课程标准是十分必要的。	0.862		
3. 我相信学生具有参与英语在线课堂评估的能力。	0.808		
4. 我认为教师提升信息技术和数据分析能力，能有效提高在线课堂评估及课堂决策。	0.916		
5. 我认为通过数据图表来分析学生学习成绩变动，可以有效提升在线评估方式。	0.934		
6. 我认为借助信息技术，师生和生生之间的在线评估更加高效便捷。	0.857		
7. 我倾向于用个人、学校、区域测评或数据收集平台辅助在线教学与评估。	0.910		
8. 我赞成学生使用在线教育平台，协助英语教师的在线教学及评估。	0.860		
在线评估知识（OAK）		特征值 =5.450，Cronbach's alpha=0.921，M=4.029，SD=0.734	
9. 我了解各种在线评估方法的优缺点。		0.710	
10. 我了解且常常依据英语学科的教学目标选择在线评估方法。		0.808	
11. 我了解或使用过在线平台进行英语在线课堂教学或评估。		0.777	
12. 我了解如何批改和反馈学生英语作业情况与英语试卷的情况。		0.840	
13. 我了解且常常有效地使用信息技术来统计学生在线课堂的学习情况。		0.815	
14. 我运用在线平台收集在线评价数据时，了解如何客观分析数据。		0.819	
15. 我了解如何在线评估英语语言知识的各个方面，包括语音、词汇、语法、语用等。		0.759	
在线评估技能（OAS）			特征值 =3.913，Cronbach's alpha=0.925，M=3.978，SD=0.682
16. 我会选择合适的在线评估方法收集信息，不断调整在线课堂评价目标和方案。			0.846
17. 为了提升在线课堂的教学效果，我会主动提升自己的信息技术水平。			0.854
18. 我能够进行数据管理、处理和分析，并将数据使用于在线课堂教学决策。			0.886
19. 在线评估活动中，我会清楚说明评价的理由。			0.818
20. 我会根据课堂评估结果调整在线课堂教学进度和教学实践。			0.754
21. 几乎每周我都想办法通过线上交流了解学生的英语学习状况并给予评估。			0.766

注：累计方差解释率为 74.783%，描述性统计的样本 N=387。

本小节重点考查了中小学英语教师在线评估素养的总体表现和各维度的平均值，结果呈现于表5和图1。从中可以看出，教师自我汇报的在线评估素养各维度在平均值水平上表现为：在线评估态度（4.303）＞在线评估知识（4.029）＞在线评估技能（3.978）。此外，在线评估技能离散程度最大，在线评估态度离散程度最小。这说明教师在线评估素养的整体表现接近中等偏上水平，但三个维度存在发展不均衡的特点。

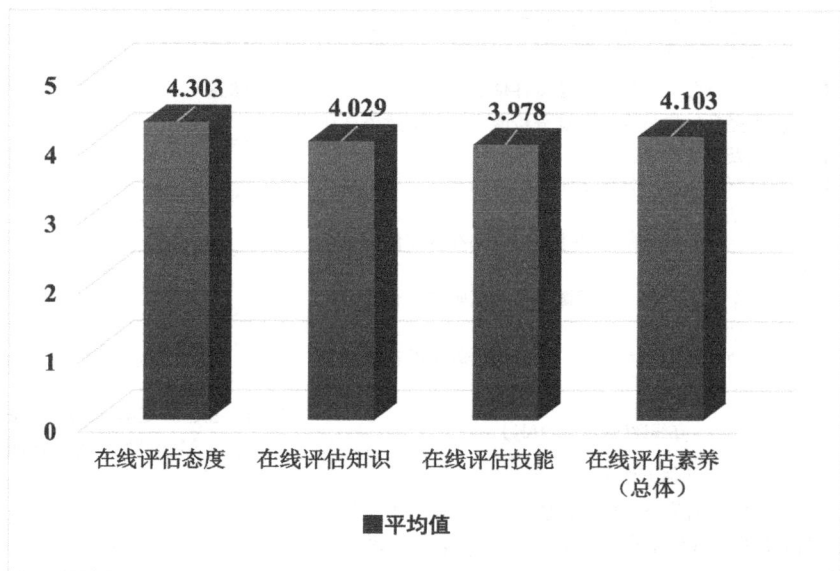

图1　在线评估素养平均值

具体来看，在线评估态度方面，大多数教师都趋向积极，对在线评估的重要性有一定的认识（如题项"我认为借助信息技术，师生和生生之间的在线评估能更加高效便捷"平均值为4.04），并且对评估主体也有较为全面的理解，相信学生能够进行自评、互评等（如题项"我相信学生具有参与英语在线课堂评估的能力"平均值为4.31），这些无不展现了中小学一线英语教师对于在线评估在课堂教学实践中的功能和角色的肯定，以及对使用不同在线评估手段的积极倾向。

在线评估知识维度的平均值位列第二。据此可以推断，在国家教育评价改革的推动下，教师对评估知识重要性的认识逐渐提升。因此，在自主学习或培训过程中，不少教师可能会更加注重对评估理论知识的学习与掌握。然而，问卷调查结果也显示，教师对于常用在线评估方法（如电子档案袋、在线测验等）的熟悉程度还相对较低（如题项"我了解各种在线评估方法的优缺点"平均值为3.9），表明教师在实际教学实践中尚未能够充分利用评估知识开展有效的在线评估。

相较于在线评估态度和在线评估知识，在线评估技能这一维度的平均值最低。这在一定程度上表明，在在线教学情境下，教师在使用在线评估、运用与调整在线评估策略及解释在线评估结果等实践操作环节中，可能面临较大的困难和挑战。此外，由于教师个体在教学背景、学习经历和教学实践等方面存在差异，在线评估技能的差异也较大。

4.2 在线评估素养在人口学变量上的差异分析

上一小节主要考察了教师在线评估素养的总体表现及具体维度，本小节将进一步通过单因素方差分析法，探究人口学变量（如学段、教龄等）对教师在线评估素养的影响，结果集中呈现于表6、表7。从中可以看出，教师总体的在线评估素养及各维度（除在线评估态度外）均在学段方面存在显著差异。LSD多重比较分析显示，在在线评估知识和总体在线评估素养水平上，小学教师显著高于初中和高中教师。这在一定程度上表明，该部分小学教师可能掌握了较好的在线评估知识，整体的在线评估素养较高，在一定程度上优于中学英语教师。然而，在在线评估技能维度，小学教师却显著低于中学教师。在教龄方面，事后比较分析表明，在在线评估态度维度及在线评估素养总体方面，四种教龄水平的教师未表现出显著差异。在在线评估知识维度，熟练教师显著高于新手教师和骨干教师。在在线评估技能维度，熟练教师和资深教师均显著高于新手教师。总体而言，熟练教师的在线评估素养总体水平较高。这一研究结论与前人研究结论较为一致，在不同教龄水平的教师中，熟练教师似乎能在运用评估技能如选择测评方法和开发评分标准上表现出较强的能力（Crusan et al. 2016）。

此外，其他人口学变量（如性别、学历、职称、在线评估培训等）对教师在线评估素养未产生较大影响，均未表现出显著性差异。这一结果也在一定程度上支持了前人关于教师评估素养影响因素的研究发现（Afshar & Ranjbar 2021；Isik & Sari 2021；王亚南、王京华 2023）。

表6 不同学段的中小学英语教师评估素养单因素方差分析结果

维度	学段	均值	标准差	F	P	LSD
在线评估态度	小学（1）	4.31	0.84	0.048	0.954	无显著差异
	初中（2）	4.28	0.74			
	高中（3）	4.30	0.85			
在线评估知识	小学（1）	4.19	0.59	11.736	0.000**	1>(2,3)
	初中（2）	3.81	0.77			
	高中（3）	3.93	0.68			
在线评估技能	小学（1）	3.80	0.82	6.396	0.002**	1<(2,3)
	初中（2）	3.89	0.72			
	高中（3）	3.98	0.73			
在线评估素养（总体）	小学（1）	4.21	0.57	4.814	0.009**	1>(2,3)
	初中（2）	3.99	0.67			
	高中（3）	4.06	0.62			

注：$** p < 0.01$。

表7 不同教龄的中小学英语教师评估素养单因素方差分析结果

维度	教龄	均值	标准差	F	P	LSD
在线评估态度	新手教师（1）	4.34	0.75	1.372	0.251	无显著差异
	熟练教师（2）	4.41	0.76			
	骨干教师（3）	4.31	0.84			
	资深教师（4）	4.12	0.91			
在线评估知识	新手教师（1）	3.79	0.71	7.351	0.000**	2 > (1, 3)
	熟练教师（2）	4.15	0.60			4>1
	骨干教师（3）	4.09	0.69			
	资深教师（4）	4.02	0.56			
在线评估技能	新手教师（1）	3.77	0.80	5.123	0.002**	2>1
	熟练教师（2）	4.04	0.72			4>2
	骨干教师（3）	4.02	0.71			
	资深教师（4）	4.18	0.60			
在线评估素养（总体）	新手教师（1）	3.99	0.61	2.343	0.073	无显著差异
	熟练教师（2）	4.22	0.60			
	骨干教师（3）	4.16	0.64			
	资深教师（4）	4.17	0.62			

注：$** p < 0.01$。

4.3 在线评估实践挑战

教师在线评估素养的重要性毋庸置疑，但量化分析表明，中小学英语教师在线评估素养现状仍有较大提升空间。因此，为进一步了解中小学英语教师在在线评估过程中面临的主要挑战（即本研究的第三个研究问题），研究者对6位教师进行了深度访谈。访谈发现，教师主要面临以下三个层面的挑战。1）心理层面的挑战。这一层面的挑战主要来自在线评估经验的不足，导致教师面临一定程度上的焦虑。此外，对在线评估是否能够促进学习者的学习投入的不确定性也让教师感到压力。2）技术层面的挑战。缺乏技术知识往往会导致教师进行在线评估时信心不足。相比较其他教龄的教师，新手教师（T1）似乎能够更好地适应新的教育技术的使用，但也认为这一过程很有挑战。这表明教师的在线评估素养发展离不开信息技术素养的支撑，不同教龄的教师都需要学习如何有效且熟练地利用技术进行线上教学及评估。3）环境层面的挑战。庞大的学生人数（T5）和有限的在线互动（T6）造成了教师在环境层面的挑战。这些挑战不仅使得师生之间的即时沟通和反馈受到限制，还在一定程度上加重了教师的工作量，特别是反馈方面的负担和压力。质性数据表明，多数教师能够认识到传统评估和在线评估之间的差异，以及新的评估需求，并展现出了一定程度的在线评估素养；不少教师也会主动思考在线评估的独特性，并未完全沿用线下评估的方法。

这一研究结果一方面可以佐证量化分析的结论，另一方面也揭示了一个重要问题，即无论是新手教师、熟练教师、骨干教师还是资深教师，在评估技能方面普遍表现出一定程度的信心不足和能力缺乏。尽管有教师（如T4、T5和T6）曾接受过评估相关的培训，但在实际操作中，他们未能充分利用线上平台和技术的促学功能。此外，新手教师在心理和环境层面面临更多的挑战。已有研究表明，新手教师可能会因为缺乏对评估实践及评估环境的信心而感到准备不足和压力（Deluca & Klinger 2010）。这也可能与教师本人对评估的信念和态度有关（Dixon 2011），从而导致他们难以施行新的评估理念。该发现反映了新手教师亟需更多的支持与引导，以增强其在线评估能力和应对在线教育情境的自信心。然而，值得注意的是，尽管受访教师缺乏或仅经历过有限的在线教学与评估实践，他们仍能够发挥主观能动性，自主学习在线评估技能。这在一定程度上提升了教师自身的评估素养（如T1和T4）。

5. 讨论

本研究表明，目前中小学英语教师的在线评估素养总体水平属于中等偏上，但其内部结构的各维度发展不均衡，存在一定的矛盾与冲突。大多数教师表现出较为积极的在线评估态度，但在在线评估技能和在线评估知识方面仍需进一步提升。这一结果与不少学者关于评价素养现状的研究结论一致，即教师普遍认为自身对评估知识的掌握尚不理想，评估实践经历不够丰富，评估技能存在明显短板（Lam 2019；江进林 2019；贾林芝 2020）。本研究进一步探讨了教师个人背景对其在线评估素养的影响，并发现学段和教龄对在线评估素养具有一定影响。这一结果与前人研究一致，表明教学及评估环境（如学校环境）可能会对评估素养的发展产生一定作用（Ma & Bui 2021）。这种影响表明，在推行教师评估培训时，应充分考虑与学校环境（如学段、学校类型等）相关的中观层面因素。此外，研究结果显示，随着教龄的增长，教师的在线评估素养可能不断提升，但也有可能会出现"石化"现象（徐鹰等 2016）。例如，本研究中，骨干教师的在线评估素养总体水平较熟练教师反而有所下降，这表明教龄并非决定教师评估素养的唯一因素。因此，对在职教师进行评估相关的教育和培训应系统化和常态化，结合教师专业发展的视角，进一步提升其在线评估素养（赵士果 2020）。

此外，本研究还发现，中小学英语教师在在线评估实践中面临诸多挑战。这些挑战主要体现在心理、技术和环境三个层面，它们不同程度地阻碍了教师在线评估素养的提升。因此，为有效提升在线评估素养，教师需不断反思在线评估实践，主动学习评估理论，并在实践中调整评估策略。这一结果同其他学者的研究结论有相似之处（Harsch et al. 2021）。尽管教师的评估态度和信念正在发生范式的转变，但与线下环境相比，在线教学环境中师生互动的途径更趋于窄化，这进一步加剧了教师在设计适合在线学习的课堂评估时所面临的挑战。因此，评估利益相关群体（如政策制定者和教师教育者）应当深刻认识到，在线环境下教师极有可能会面临更为特殊且个性化的评估挑战。为此，应及时帮助教师提升自主性，鼓励教师在评估实践中探索创新，优化评估外部环境（Ashton 2022）。

通过以上分析，我们建议采取以下措施来提升中小学英语教师的在线评估素养：第一，设立专门的在线评估技术部门，建立教师在线评估技术培训的固定机制，并辅助教师设计在线评估内容等；第二，在培训中增加针对性和个性化的在线评估指导，以帮助教师提升在线评估的有效性；第三，给予教师更多的情感支持和技术支持，创造良好的评估文化环境；第四，引导教师在评估中发挥主观能动性，形成教师正向的在线评估体验和积极的认知，鼓励教师开展创造性的评估实践；第五，丰富在线评估培训的手段，帮助教师克服心理及环境层面的挑战，例如建立在线评估小组，促进教师在学习共同体中分享评估经验，并结合线上自学与实际操作，逐步提升教师评估素养。

6. 结语

本研究基于实证调查，探讨了我国部分中小学英语教师的在线评估素养现状，并进一步分析了该群体在在线评估实践中面临的挑战。量化数据表明，尽管当前中小学英语教师在在线课堂评估的态度层面表现出较为积极和正向的情感，但在实践层面仍存在一定不足，具体体现在不同学段和教龄群体之间，教师在在线评估技能和在线评估知识维度表现出一定程度的割裂和断层。质性数据进一步揭示，教师在在线评估实践中主要面临心理、技术和环境三个层面的挑战。

本研究存在以下局限：第一，样本量较小，样本的代表性尚显不足；第二，尽管采用问卷调查并辅以访谈文本分析，本研究对在线评估实践及其挑战的呈现仍可能存在疏漏。未来研究可通过在线课堂观察，进一步探究在线评估的真实过程。

参考文献

Afshar, H. S. & Ranjbar, N. 2021. EAP teachers' assessment literacy: From theory to practice [J]. *Studies in Educational Evaluation*, 70: 101042 .

Ashton, K. 2022. Language teacher agency in emergency online teaching [J]. *System*, 105: 102713.

Blundell, C. N. 2021. Teacher use of digital technologies for school-based assessment: A scoping review [J]. *Assessment in Education: Principles, Policy & Practice*, 28(3): 279–300.

Cohen, L., Manion, L. & Morrison, K. 2011. *Research methods in education* [M]. New York, NY: Routledge.

Crusan, D., Plakans, L. & Gebril, A. 2016. Writing assessment literacy: Surveying second language teachers' knowledge, beliefs, and practices [J]. *Assessing Writing*, 28: 43–56.

DeLuca, C. & Johnson, S. 2017. Developing assessment capable teachers in this age of accountability [J]. *Assessment in Education: Principles, Policy & Practice*, 24(2): 121–126.

DeLuca, C. & Klinger, D. A. 2010. Assessment literacy development: Identifying gaps in teacher candidates' learning [J]. *Assessment in Education: Principles, Policy & Practice*, 17: 419–438.

Dixon, H. 2011. The problem of enactment: The influence of teachers' self-efficacy beliefs on their uptake and implementation of feedback-related ideas and practices [J]. *Assessment Matters*, 3: 71–92.

Estaji, M., Brown, G. T. L. & Banitalebi, Z. 2024. The key competencies and components of teacher assessment literacy in digital environments: A scoping review [J]. *Teaching and*

Teacher Education, 141: 104497.

Eyal, L. 2012. Digital assessment literacy – The core role of the teacher in a digital environment [J]. Journal of Educational Technology & Society, 15(2): 37–49.

Harsch, C., Müller-Karabil, A. & Buchminskaia, E. 2021. Addressing the challenges of interaction in online language courses [J]. System, 103: 102673.

Ibna Seraj, P. M., Chakraborty, R., Mehdi, T. & Roshid, M. M. 2022. A systematic review on pedagogical trends and assessment practices during the COVID-19 pandemic: Teachers' and students' perspectives [J]. Education Research International, 11: 1–13.

Isik, A. & Sari, R. 2021. Are English language teachers assessment literate? [J]. Cukurova University Faculty of Education Journal, 50(2): 907–928.

Jin, Y. 2010. The place of language testing and assessment in the professional preparation of foreign language teachers in China [J]. Language Testing, 27(4): 555–584.

Lam, R. 2019. Teacher assessment literacy: Surveying knowledge, conceptions and practices of classroom-based writing assessment in Hong Kong [J]. System, 81: 78–89.

Latif, M. W. 2021. Exploring tertiary EFL practitioners' knowledge base component of assessment literacy: Implications for teacher professional development [J]. Language Testing in Asia, 11(1): 1–22.

Ma, M. & Bui, G. 2021. Chinese secondary school teachers' conceptions of L2 assessment: A mixed-methods study [J]. Studies in Second Language Learning and Teaching, 11(3): 445–472.

Shao, S. 2023. Understanding K-12 in-service EFL teachers' online assessment practices and assessor identity: A Chinese study [J]. SAGE Open, 13: 1–17.

Stiggins, R. J. 1999. Evaluating classroom assessment training in teacher education programs [J]. Educational Measurement: Issues and Practice, 18: 23–27.

Volante, L. & Fazio, X. 2007. Exploring teacher candidates' assessment literacy: Implications for teacher education reform and professional development [J]. Canadian Journal of Education, 30(3): 749–770.

Wilson, S. M., Floden, R. E. & Ferrini-Mundy, J. 2001. Teacher preparation research: Current knowledge, gaps and recommendations [R]. Document R-01-3. Washington, DC: Center for the Study of Teaching and Policy, University of Washington.

Xu, Y. & Brown, G. T. L. 2016. Teacher assessment literacy in practice: A reconceptualization [J]. Teaching and Teacher Education, 58: 149–162.

Xu, Y. & Liu, Y. 2009. Teacher assessment knowledge and practice: A narrative inquiry of a Chinese college EFL teacher's experience [J]. TESOL Quarterly, 43(3): 492–513.

顾永琦, 罗少茜. 2023. 形成性评估研究：回顾与展望 [J]. 语言测试与评价, (2): 1–15.

郭志刚. 1999. 社会统计分析方法——SPSS 软件应用 [M]. 北京：中国人民大学出版社.

江进林. 2019. 高校英语教师测评素养现状及其影响因素研究 [J]. 外语界, (6): 18–26.

贾林芝 . 2020. "教—评一体化"视域下教师校内学业评价素养现状调研 [J]. 教育发展研究, (20): 53–61.

金艳 . 2018. 外语教师评价素养发展：理论框架和路径探索 [J]. 外语教育研究前沿, (2): 65–72.

林敦来 . 2019. 中小学英语教师语言评价素养参考框架 [M]. 北京：外语教学与研究出版社 .

潘鸣威 . 2020. 外语教师语言测评素养再探——基于对语言测试专家的访谈 [J]. 中国考试, (7): 34–41.

邵思源, 陈舜婷 . 2021. 语言教师评价素养：内涵、模型与发展 [J]. 外语测试与教学, (4): 14–21.

王亚南, 王京华 . 2023. 在线教学模式下高校英语教师评价素养发展与影响因素研究 [J]. 河北大学学报 (哲学社会科学版), (3): 69–79.

徐鹰, 韩苏, 陈芸 . 2016. 大学英语教师语言评估素养调查报告 [J]. 中国外语教育, (4): 60–69.

许悦婷, 刘永灿 . 2008. 大学英语教师形成性评估知识的叙事探究 [J]. 外语教学理论与实践, (3): 61–67.

许悦婷, 邱旭妍 . 2022. 大学英语教师线上评估实践与评估素养：一项质性研究 [J]. 外语教育研究前沿, (3): 58–65.

许悦婷, 陶坚 . 2020. 线上教学背景下高校外语教师身份认同研究 [J]. 外语与外语教学, (5): 12–21.

张洁, 赵柯 . 2021. 在线英语口语任务中的学习者体验研究 [J]. 外语与外语教学, (5): 68–77.

赵士果 . 2020. 小学教师课堂评价素养的现状研究——基于上海市 Y 区 1032 名小学教师的调查与分析 [J]. 上海教育科研, (8): 53–59.

赵雪晶 . 2014. 我国中学教师教学评价素养研究 [D]. 上海：华东师范大学 .

郑东辉 . 2010. 中小学教师评价素养状况：来自 Z 省的报告 [J]. 全球教育展望, (2): 31–36.

中共中央, 国务院 . 深化新时代教育评价改革总体方案 [EB/OL]. (2020-10-13) [2024-12-20]. https://www.gov.cn/gongbao/content/2020/content_5554488.htm.

中华人民共和国教育部 . 教育部关于印发《教育信息化十年发展规划 (2011—2020 年)》的通知 [EB/OL]. (2012-03-13)[2024-12-20]. http://www.moe.gov.cn/srcsite/A16/s3342/201203/t20120313_133322.html.

周珊珊, 赵海永 . 2022. 大学英语教学管理者语言评价素养发展需求及影响因素研究 [J]. 外语教育研究前沿, (3): 66–74.

作者简介

邵思源, 上海外国语大学国际教育学院讲师、硕士生导师。主要研究方向为外语教师发展、评估素养。电子邮箱：shisussy@shisu.edu.cn

陆敏艺, 上海外国语大学国际教育学院硕士研究生。主要研究方向为外语教学理论与实践。电子邮箱：tcminmin7475@163.com

李四清, 上海师范大学外国语学院副教授、硕士生导师。主要研究方向为外语教师发展、二语习得。电子邮箱：siqingle@shnu.edu.cn

Research on the online assessment literacy of English teachers in primary and secondary schools

SHAO Siyuan, LU Minyi & LI Siqing

Abstract: Teacher assessment literacy is the key to enhancing teaching effectiveness. This study explored the current situation of K-12 school English teachers' assessment literacy, by developing a scale for online language assessment literacy (LAL) under the background of educational information. The valid data from 387 primary and secondary school English teachers in China on three dimensions including online assessment attitude, online assessment knowledge and online assessment skills were analyzed. It was found that these teachers generally tended to hold a positive attitude towards online assessment, and recognized the important role the information technology played in the process of classroom-based online assessment. However, teachers' mastery of in-class online assessment knowledge did not reach a satisfactory level, and was in urgent need of enrichment. Teachers' assessment skills were relatively low, leaving much room for improvement. Qualitative data further explored the difficulties and challenges six teachers encountered during online assessment, including psychological, technological, and contextual challenges. This study has implications for effective online assessment.

Keywords: English teachers; assessment literacy; online assessment

重塑语言测评体系，革新语言测评研究
——"第45届语言测试研究学术研讨会"综述

颜巧珍　辜向东

重庆大学

第45届语言测试研究学术研讨会（Language Testing Research Colloquium，简称 LTRC）于2024年7月1日至5日在奥地利因斯布鲁克大学召开。大会以"重塑语言测评体系，革新语言测评研究"为主题，探讨在全球许多测试面临改革、数字信息技术快速发展、多元文化融合发展的时代背景下，如何推动语言测试研究与实践的不断创新与突破。会议由国际语言测试协会（International Language Testing Association，简称 ILTA）主办，赞助机构包括英国文化教育协会、多邻国英语测试、美国教育考试服务中心等。来自美国、加拿大、英国、奥地利、中国、泰国、澳大利亚、马里等国家和地区的约350名语言测试专家、学者和博士生参加了此次研讨会。

与往届 LTRC 相似，本届会议包括会前工作坊、主旨发言、专题研讨、论文报告、正在进行中的研究（Works-in-Progress，简称 WIP）、海报展示和颁奖等环节。另外值得一提的是，本届会议还包含自2022年开始新增的特别兴趣小组研讨环节（Special Interest Group Sessions）。

1. 会前工作坊

本届会议共有4场会前工作坊。工作坊1的主题是"调查研究中的评分和评分员效应的测量方法"，由 Stefanie A. Wind 教授主讲。工作坊2的主题是"效度研究中口头报告数据的编码"，由 Andrea Révész 教授主讲。工作坊3以"政策素养：研究人员有效参与政策制定"为主题，由 Joseph Lo Bianco 教授和 Mina Patel 博士主讲。工作坊4以"生成式人工智能在内容生成和自动评分中的应用：无代码和低代码方案"为主题，由 Alistair Van Moere 博士和 Jing Wei 博士主讲。这些工作坊既关注了语言测试领域的新兴研究话题，也呈现了语言测试实证研究的前沿方法。

2. 主旨发言

本届会议有3场主旨发言，分别聚焦语言测试的公平性、社会性和包容性。首位主旨发言人为本年度 Davies 奖获得者 Lynda Talyor 教授，发言题目为"应对不确定性，促进社会公正：将公平、多样性和普及性置于中心位置"。她探讨了语言测试人员未来将面临的与公平、公正、多样性和包容性相关的挑战，如构念界定、利益相关者参与以及数字世界的人权问题，并重点讨论了如何以遵循伦理原则和基于证据的方式应对这些挑战。第二位主旨发言人为本年度 Samuel J. Messick 纪念奖获得者 Micheline Chalhoub-Deville 教授，发言题目为"重构问责测试的效度：在社会背景下理解效度"。她指出当前问责测试的效度验证方法仅关注学生分数，却忽视了作出关键解释和决策的社会背景，因此强调从更广阔的社会教育框架视角研究问责测试的效度。第三位主旨发言人为本年度剑桥 /ILTA 杰出成就奖获得者 Antony John Kunnan 教授，发言题目为"语言测评的融合性与包容性"。他强调在多元文化背景下，语言测评的融合性与包容性变得日益重要，并提出从两个方面促进语言测评的包容性：将语言测评视为语言教学的组成部分、语言测试研究与实践需关注全球南方（Global South）的语言学习者和考生。

3. 专题研讨

本届会议共设有 6 场专题研讨，其中 2 场聚焦著名语言测试学者 Tim McNamara 教授的学术贡献，另外 4 场分别关注移民语言测试、人工智能赋能语言测试、诊断测评和语言测试的开放科学（Open Science）问题。

第一场专题研讨也被称为开场专题研讨（Opening Symposium），在大会正式开始的前一天下午举行，其主题为"促进语言测试的公平与公正：反思 Tim McNamara 的学术成就"，由 Luke Harding 教授主持。McNamara 教授在澳大利亚墨尔本大学任教长达 30 余年，曾任 ILTA 主席，2009 年获 SAGE/ILTA 语言测试最佳著作奖，获奖图书为 *Language Testing: The Social Dimension*（McNamara & Roever 2006），其学术成就对语言测试领域有深远影响；2015 年，McNamara 教授获剑桥 /ILTA 杰出成就奖。该专题研讨包括 4 个报告，从不同角度探讨了 McNamara 教授在推进语言测试公平与公正方面作出的杰出贡献，包括关注学术知识与政治权力之间的互动、提倡测试公平与公正并举、关注语言测试背后的社会观与政治观等。Elana Shohamy 教授在报告中指出，McNamara 教授关于测试使用和公正的思想、研究和著作等对测试者乃至整个社会都有重要意义，可谓是带来了"生命的意义"（The Meaning of Life）。

专题研讨 1 的主题为"跨大洲视角下的移民和公民身份的语言政策与实践"，由 Antony John Kunnan 教授主持。早在 2009 年，语言测试研究人员就开始关注移民政策中的语言要求，并围绕测试效度与公平性展开了相关研究（Shohamy & McNamara 2009）。如今，学者们逐步转向从社会公正的视角探讨这一问题。该专题研讨包括 5 个报告，围绕美洲、大洋洲和欧洲国家的移民语言测试政策与实践探讨了语言要求之于移民、社区和国家的价值，语言成就与移民融合的概念，低技能要求工作岗位的语言需求等问题。

专题研讨 2 的主题为"诊断测评在人工智能辅助语言学习中的应用"，由何莲珍教授主持。何莲珍教授团队在该专题研讨中做了 4 个报告，展示了浙江大学自主研发的慧学外语智能学习平台的建设理念及功能，并探讨了人工智能技术在诊断测评中应用的优势与挑战。这些报告围绕认知诊断测评、个性化学习反馈和教学干预三个维度展开，聚焦听、说、读、写四项技能。

专题研讨 3 的主题为"语言测试中的开放科学：连接学术界与行业界"，由 J. Dylan Burton 教授主持，6 位来自学术和业界的研究人员共同探讨了语言测试开放科学面临的挑战和机遇。其中，3 位学术发言人重点阐述了开放科学对语言测试学术研究的意义，阐明了透明度和可复制性等如何提升语言测试研究的质量，3 位业界发言人探讨了测试行业在共享资源和测试数据时遇到的挑战。这表明在开放科学运动在全球开展的背景下，语言测试界也在致力于探索如何利用开放科学推进测试研究（Winke 2024）。

专题研讨 4 的主题为"变革对二语能力的诊断：动态和诊断性语言测评框架的互补贡献"，由 Dmitri Leontjev 博士和 Matthew Edward Poehner 教授共同主持。该专题研讨的 4 个报告分别关注汉语为第二语言的口语动态测评、学术英语写作动态评估、自我评估的诊断作用和线上诊断测评。研究者们探讨了如何提出可操作的动态—诊断测评框架，以实现动态测评和诊断测评的优势互补。

专题研讨 5 的主题为"定位能力，探索构念：推进 Tim McNamara 关于表现性评价的研究"，由 John Pill 博士和 Lynda Taylor 教授共同主持。该专题研讨再次致敬 McNamara 教授，特别是他在二语表现性评价和专门用途语言测评领域的开创性贡献。4 个报告的研究者们探讨了在不同背景（如航空和医疗）中，语言能力、工作场景相关的知识与技能以及互动和跨文化交际能力如何发挥作用并影响语言测评政策和实践。

4. 论文报告、WIP、海报和特别兴趣小组研讨

本次会议有 79 篇论文报告入选，研究话题丰富多样，大致可分为以下主题：1）语

言测试的效度研究，主要涉及新框架（如适用于诊断测评研究的效度验证框）和新视角（如从言语非流利性视角研究口语测试任务的效度）；2）语言测试评分者信度研究，如英语口语韵律评分信度、汉语作为二语的口语韵律评分信度；3）影响测试成绩的因素研究，如听力测试背景噪声对听力成绩的影响、口语测试准备时间和非言语行为对口语成绩的影响；4）考试使用与考试影响研究，如美国国际学生大学入学英语语言水平考试的使用情况、中国小语种考试的影响；5）专门用途英语测试的设计、效度、公平性和后效研究，如针对医疗保健人员的语言考试、移民入籍语言考试、手语语言能力考试、教师职业资格认证语言考试等；6）多模态和诊断测评研究，重点关注多模态写作测评的构念、任务设计和效度，以及诊断测试的任务设计和效度；7）人工智能在语言测试中的应用研究，主要涉及测试任务设计（如大语言模型在写作题目和阅读文本生成中的应用）、效度（如写作自动评分系统的效度）和测试难度（如 GPT 模型在难度分析中的应用）等。这些研究关注的测试类型包括语言技能和语言知识测试（如听、说、读、写、语法、词汇等）、大规模语言考试（如雅思、托福 Primary® 考试、多邻国英语测试、我国的全国大学英语六级口试和高考英语）、课堂形成性评价，以及上面列举的专门用途英语测试等。

大会分别有 18 篇和 20 篇论文入选 WIP 和海报展示环节。这些论文主要关注诊断测评工具开发或任务设计、语言测试标准的改革、人工智能在语言测评中的应用、考试成绩影响因素、语言教师测评素养的评估与提升等话题。在这两个环节中，研究人员以口头陈述或海报的形式展示自己的研究成果，听众可以针对研究问题、理论、研究设计等提出问题或建议。这种直接互动的方式能有效促进学术社区成员的交流，拓展研究思路。

特别兴趣小组研讨环节聚焦语言测试热点话题，每组邀请数位领域专家和学者以辩论或报告的形式进行研讨，并与听众展开互动交流，为对相关话题感兴趣的研究人员带来诸多启迪。本次大会有 4 个特别兴趣小组，分别关注人工智能在自动评分中的应用、综合任务型测试素养、人工智能在课堂评价中的应用和青少儿（young language learners）语言测评。

5. 结语

本届 LTRC 表明语言测试研究领域呈现出两大特征。一个特征是语言测试研究人员重视对传统语言测试研究的革新。当前传统测试研究正经历理论、研究视角、内容和方法等方面的创新。例如，效度验证长期以来是语言测试研究的重点，此次会议表明新理论框架（如适用于诊断测评研究的效度验证框架）和新研究视角（如从言语非流利视角而非流利视角研究口语测试效度）等的融入，为经典效度研究注入了新的活力。又如，《欧洲语言共同参考框架》（CEFR）作为语言学习、教学和测评的重要参考依据，自问世以来便受到语言测试界的广泛关注。在此次会议上，有研究者运用创新性的比较判断（Comparative Judgement）法探究了CEFR在多语"能做"描述语对接中的应用。此外，人工智能技术的应用为诊断测评带来了研究内容上的突破。诊断测评因其能够提供关于语言学习者学习优势或不足的具体反馈信息，被认为能够有效促进语言学习，近二十年来受到语言测试界的广泛关注（刘婷婷、林敦来2024）。当前的诊断测评研究主要聚焦阅读和听力输入性技能，对口语和写作产出性技能的关注不足（张培欣等2021）。本次会议不仅有阅读和听力诊断测评的研究，也开始关注口语和写作技能，这一定程度上得益于人工智能技术的应用，例如自然语言处理技术在口语和写作诊断测评中的应用。

另一个特征是学界正结合时代特点，主动探寻语言测试研究发展的新方向。例如，数字化时代背景下，推进人工智能技术在语言测试中的应用正成为新趋势。人工智能赋能语言测评是本届会议的热点研究话题，共有1场专题研讨、15个论文报告、4个WIP、8个海报展示和2场特别兴趣小组研讨聚焦了此话题，学者们围绕效度、任务设计、试题研发、自动评分、评分反馈等展开了系列研究。多模态语言测评是本次会议上的另一个热点研究话题。现代技术的快速发展促进了交流和互动方式的多模态化，例如使用图像、文本、口语、手势或姿势等一系列符号资源和模式（Lim et al. 2022）。为更有效地评估学习者在真实情境中运用语言的能力，多模态语言测评逐渐被采用，这种测评会综合运用多种模式（如文本、图像、音频等）来评估语言能力（Fjørtoft 2020）。本次会议上聚焦多模态语言测评的相关研究包括5个论文报告和1个海报展示，主要关注多模态测评的任务设计和效度。

特别值得一提的是，近年来越来越多的中国学者参加LTRC，并向世界报告中国在语言测试理论和实践上取得的成果。参加此次会议的中国学者（包括香港、澳门和台湾地区）共31人，此外还有不少海外中国学者和留学生。例如，浙江大学的何莲珍教授团队做了关于诊断测评的专题研讨发言，何教授还在特别兴趣小组研讨中与Eunice Eunhee Jang教授、Barry O'Sullivan教授等学者就基于深度学习的自动评分话题进行了深入辩论。上海交通大学的金艳教授做了关于语言测试开放科学主题的专题研讨发言，并与北京师范大学的武尊民教授和外语教学与研究出版社（简称"外研社"）的柳丽萍老师做了关于外研社诊断测评体系研究成果的论文报告。上海外国语大学的潘鸣威教授团队做了关于口语测试的论文报告。重庆大学的辜向东教授团队做了关于中国高考英语和大学外语形成性评价的论文报告。中国是考试的故乡（桂诗春2015），也是外语学习者规模最大的国家。中国学者在 LTRC 这个国际舞台的学术发声，不仅能助力中国语言测试研究的发展，也能为国际语言测试学界的长久发展贡献中国力量。

第 46 届 LTRC 将于 2025 年 6 月 4 日至 8 日在泰国曼谷举行，主题为"多元文化背景下的语言测评：西方与东方的碰撞"，这将是 LTRC 首次在东南亚举办。作为全球语言测试领域最具影响力的会议，LTRC 将继续为语言测试研究与实践的发展提供新契机。

参考文献

Fjørtoft, H. 2020. Multimodal digital classroom assessments [J]. *Computers & Education*, (152): 103892.

Lim, F. V., Toh, W. & Nguyen, T. T. H. 2022. Multimodality in the English language classroom: A systematic review of literature [J]. *Linguistics and Education*, 69: 101048.

McNamara, T. & Roever, C. 2006. *Language testing: The social dimension* [M]. Malden, MA: Blackwell Publishing.

Shohamy, E. & McNamara, T. 2009. Language tests for citizenship, immigration, and asylum [J]. *Language Assessment Quarterly*, 6(1): 1–15.

Winke, P. 2024. Sharing, collaborating, and building trust: How Open Science advances language testing [J]. *Language Testing*, 41(4): 1–15.

桂诗春 . 2015. 序言 [A]// 杨惠中，桂诗春 . 语言测试社会学 [M]. 上海：上海外语教育出版社 .

刘婷婷，林敦来 . 2024.《二语或外语写作的诊断测试》述评 [J]. 外语测试与教学，(1): 60–64.

张培欣，范劲松，贾文峰 . 2021. 国际语言测试研究热点与趋势分析 (2008-2018)[J]. 外语教学与研究，(4): 618–627.

作者简介

颜巧珍，重庆大学外国语学院英语系讲师、硕士生导师。主要研究方向为外语教育与语言测试。电子邮箱：qiaozhenyan@cqu.edu.cn

辜向东，重庆大学外国语学院教授、博士生导师。主要研究方向为语言测试、语言教学、教师发展和外语教育数据挖掘。电子邮箱：xdgu@cqu.edu.cn

提升语言测评的专业性
——"第十届亚洲语言测试学会年度国际研讨会" 综述

廖茜妮   潘鸣威

上海外国语大学

2024 年 8 月 19 至 21 日，第十届亚洲语言测试学会年度国际研讨会（The 10th Annual International Conference of the Asian Association for Language Assessment）在上海外国语大学成功举办。本次大会由上海外国语大学主办、上海外语教育出版社协办，围绕"提升语言测评的专业性"这一主题，吸引了来自亚洲乃至全球的语言测试专家学者和师生参与，共同探讨语言测试与评价的前沿动向与实践创新。

本次研讨会主题鲜明、形式多样，设有专题工作坊、主旨报告、专题研讨、平行论坛和墙报展示等环节。会前专题工作坊于 8 月 19 日举办，两位主持人循序渐进、深入浅出，为参与者提供了全面而系统的学习体验。澳门大学谢琴副教授探讨了人工智能如何赋能社会科学研究，继而扩大数字人文视域下语言测试研究的社会影响。新加坡南洋理工大学 Vahid Aryadoust 副教授讲解了通用线性模型及线性混合效应模型，在阐释基础概念和示范演练后，指导参会者进行软件实操。

本次大会三场主旨发言紧扣会议主题和前沿议题。英国文化教育协会测评研发中心主任 Barry O'Sullivan 教授分析了大语言模型快速衍化的趋势，探讨了语言测试所面临的机遇和挑战，强调了当中涉及的伦理和可及性问题，并分享了英国文化教育协会为此作出的积极尝试。中国香港考试及评核局考试、评核及研究总监席小明博士基于语言测试的构念问题，阐述了生成式人工智能如何带来概念上的革新与实践上的推进，并研判了人工智能即将引发的深刻变革。国际语言测试协会前主席 Micheline Chalhoub-Deville 教授围绕"专业性"这一关键词，不仅强调了语言测试专业精神和社会责任的重要性，同时肯定了诸如亚洲语言测试学会等专业组织机构作出的贡献。

本次会议的专题研讨围绕三个重要议题展开。第一场专题论坛聚焦语言测试与评价的反拨效应，由澳门城市大学程李颖教授主持。日本上智大学 Yoshinori Watanabe 教授首先作远程报告。Watanabe 教授在回顾了过去三十年反拨效应研究的基础上，强调了当前的任务是探究反拨效应的发生机制，以此促进考试与评价产生积极的反拨效应。上海交通大学金艳教授和四川外国语大学董曼霞教授分别围绕大学英语四、六级和高考英语测试，揭示了高利害语言测试涉及的多个利益相关方，彰显了语言测试不可忽视的社会属性。马来西亚理科大学 Alla Baksh Mohamed Ayub Khan 博士和 Norhaslinda Hasson 博士在报告中建议专家学者转换视角，将反拨效应研究重心放在以学习为导向的评价上。谢琴副教授则立足亚洲高等教育的语言测试与评价，回顾了近十年来本土诞生的反拨效应研究成果。最后，上海外国语大学邹申教授对本场报告进行总结并作出点评。

第二场专题论坛围绕考生、人工智能和测试的多维度交互展开，由英国文化教育协会 Richard Spiby 博士主持。上海交通大学张娣博士上台发言，分享了其与上海交通大学金艳教授和墨尔本大学语言测试研究中心高级研究员范劲松的合作成果，即代理理论（agency theory）视角下考生行为对测试效度的影响，并在当前背景下再度审视了考生与测试的双向互动。上海交通大学王华副教授和金艳教授利用人工智能支持的在线诊断评估组件进行实证研究，旨在提升考生在线上口语任务中的参与度。英国文化教育协会刘莎博士利用 Open AI 和 ChatGPT-4 辅助构建真实商务场景，深入探究人工智能在商务英语口语测试中的潜在适用性。最后一场报告由 Vahid Aryadoust 副教授携两位学生 Azrifah Zakaria 和 Rajashree Keller 发言，团队采用跨学科研究的视角，分享了生成式人工智能在写作测试中的广泛应用和潜在限制。

第三场专题论坛汇集《中国英语能力等级量表》的最新研究成果，由教育部教育考试院外语测评处吴莎处长主持。自颁布实施以来，《中国英语能力等级量表》始终与时俱进，深刻把握时代命题。上海对外经济贸易大学揭薇副教授和上海交通大学金艳教授阐述了口头表达能力量表的概念框架及其构建过程。浙江师范大学孔菊芳副教授分享了写作能力量表新维度的开发及应用。黑龙江大学冯莉教授介绍了翻译能力量表的基本框架及使用指南。广东外语外贸大学王巍巍教授汇报了基于口译能力量表的口译自动评分实践探索。最后，广东外语外贸大学刘建达教授对本场报告进行点评，并期许未来能有更多基于《中国英语能力等级量表》的研究。

在平行论坛中，国内外专家学者、高校教师和研究生围绕语言测评带来与受到的影响、语言测评的原则和理论、语言测评的新方法和新模型、测评人才与测评素养等议题进行汇报，共同探讨了语言测试与评价的前沿趋势、动向以及对未来的展望。在墙报展示环节，现场学术氛围浓厚，呈现出开放包容、互学互鉴的交流景象。

总体上，本次会议充分顺应了技术赋能语言测评的趋势，扎根经典理论，创新研究方法，立足亚洲本土总结实践经验。本次研讨会正值亚洲语言测试学会成立十周年，不仅成为本领域学术交流与合作的平台，更是见证亚洲语言测评研究与实践的重要里程碑。

作者简介

廖茜妮，上海外国语大学在读博士研究生。主要研究方向为口译测试与评价。电子邮箱：liaoxini2000@163.com

潘鸣威，英语语言文学博士，上海外国语大学教授、博士生导师。主要研究方向为语言测试与评价、应用语言学。电子邮箱：mwpan@shisu.edu.cn

征稿启事

  《语言测试与评价》是聚焦语言测试与评价研究的学术集刊，以"服务国家语言测评战略，探索语言测评理论前沿，推动语言测评实践创新"为宗旨，以国际视野与中国现实相结合、理论研究与实践应用相结合、专业特色与融合发展相结合、学术引领与服务社会相结合为主要特色，关注国际国内发展趋势，贯彻落实国家政策要求，注重理论联系实际，兼顾学术性和实践性，致力于解决语言测评领域现实问题。

  本刊设有"热点聚焦""理论前沿""考试开发与研究""测评与教学""测评技术""跨学科研究""人物专访""书刊评介"等栏目。刊文范围覆盖多语种和全学段，从不同视角探讨语言测评政策、语言测评理论与实践、语言测评技术应用、师生测评素养等。同时，本刊鼓励多学科和跨学科研究，欢迎来自二语习得、应用语言学、心理语言学、心理学、认知科学等学科与语言测评相关的学术成果。

一、刊文范围与栏目

  来稿需与语言测试与评价切实相关，以政策研究、理论研究和实践研究为主，同时也欢迎相关学科最新动态的图书评介。研究范围可分为不同语种（英语、其他外语语种及国际中文）、不同学段（基础教育、高等教育、职业教育等）。选题应有新意，对填补研究空白有所贡献。稿件应具有较高的学术水平和实践价值，且未在其他刊物发表过。本刊尤其欢迎具有独到见解的原创性研究。栏目具体说明如下：

  热点聚焦：关注语言测评领域的国家政策、重大项目和研究成果，及时跟进和探讨测评领域热点难点问题。

  理论前沿：关注国内外语言测评理论研究最新动态，展示语言测评领域奠基性、基础性、前瞻性的理论创新成果，促进学术对话与交流。

  考试开发与研究：关注国内外大规模考试、校本考试等考试研究成果，如理论研究、测试设计、实现方法、分数解释及效度验证等。

  测评与教学：关注课堂评价、形成性评价、自我评价等研究成果，如理论基础、工具研制、实践研究等；关注评价与教学、学习的协同关系与相互作用。

  测评技术：关注技术环境下的测评研究，呈现前沿测量技术、信息技术与语言测评融合的最新成果与案例。

跨学科研究：关注二语习得、心理语言学、心理学、认知科学等跨界研究以及基于语料库的测试研究等。

　　人物专访：对语言测评领域有重要影响力的专家进行访谈，深度解析和阐释国际测评领域前沿动态、我国测试与评价改革中的重大政策与重要成果等。

　　书刊评介：刊发语言测评领域新书评介与札记等。

二、收录情况

　　本刊已被中国知网、维普网、万方数据、国家哲学社会科学文献中心、超星网、中邮网等数据库全文收录，欢迎读者查询检索。

三、稿件要求与投稿说明

　　1. 研究性论文篇幅以 10,000 字以内为宜，综述性文章以 8000 字以内为宜，新书评介（限最近两年内国内外出版的语言测评领域学术图书）以 5000 字以内为宜（以上字数含中英文标题、中英文提要、中英文关键词及参考文献）。

　　2. 研究设计合理，研究方法可靠、符合逻辑，数据准确。论述部分需深入详尽，较为详细地说明研究结果在语言测试与评价中的应用及操作方法，避免空洞或浅尝辄止的讨论。

　　3. 为了增强可读性与应用性，来稿应做到观点明确、论述简明扼要、语言通俗易懂。

　　4. 来稿应遵守学术规范。对直接引用的相关言论或观点，应标注出参考文献的具体页码；对间接引用的重要思想或观点，应注明文献来源。

　　5. 稿件不涉及保密问题，署名无争议。稿件一律文责自负，编辑部有权出于出版质量要求和版面需要对稿件进行必要的修改。

　　6. 来稿请附详细的作者简介，包括作者所在机构、职务或职称、地址、邮编、联系电话、电子邮箱、主要研究方向等，以 150 字以内为宜。

四、稿件正文格式要求

1. 来稿组成

　　1）中英文标题。

　　2）中英文提要，以 100—300 字为宜，明确列述该论文的创新点，如新理论、新思想、新观点、新理念、新方法、新模式、新问题等。中英文提要内容应大致保持一致，包括研究目的、研究对象、方法、结论或新发现；英文提要力求用语正确、规范，表述清晰，意思完整。

3）中英文对照关键词，以 3—5 个为宜，突出研究的重点、创新之处，能反映论文主题和中心内容。关键词之间用分号隔开。

4）正文、参考文献和附录。

2. 正文要求

1）标题层级序号：均采用左顶格，以 1、1.1、1.1.1 为序，以此类推，后空一格再写标题。标题层级限分三级，正文内需用 1）、2）等排列。

2）图表：图表分别连续编号，图题位于插图下方，表题位于表格上方，图题格式为"图 1　图题"，表题格式为"表 1　表题"，以此类推。

3）脚注：仅限于必要的脚注，脚注及其所注释内容保持在同一页，用相同的上标数字标注。

4）人名：涉及中国作者通常使用其中文人名，如引用在国际期刊上发表论文的中国作者，则使用其汉语拼音人名；涉及外国作者使用其外文人名，无须翻译。

5）重要术语：首次出现的中文术语可在括号内附上英文原文，但同一术语的英文原文不要重复出现。

3. 课题 / 项目

研究内容如获得课题或基金资助，请在文章正标题后加星标"*"，同时在脚注注明其类别、名称及编号等。

五、参考文献格式要求

文献引用需规范，文中与文末的参考文献严格对应。文末所列参考文献在提交稿件前应一一核实，避免出现信息错误或缺失。英文及其他语种文献在前，中文文献在后，具体参照以下规范执行：

1. 文内引用文献格式

1）外文文献在前，中文文献在后，分别按出版年份先后排列，各文献之间用分号隔开。

2）作者与年份之间空一格；同一作者多个文献的年份之间用逗号隔开。如（Alderson 2000）（Hughes 1989；Harding & Alderson 2013，2015）。

3）若涉及双作者，外文文献作者的姓氏之间使用 &，如（Harding & Alderson 2013）；中文文献使用两者的完整姓名，用顿号隔开，如（何莲珍、闵尚超 2016）。

4）若涉及三个及以上作者，外文文献在第一作者姓氏后使用 et al.，如（Tomasello

et al. 1984）；中文文献在第一作者姓名后使用汉字"等"，如（王初明等 2000）。

2. 文末参考文献格式

文献条目中外文分开，外文文献在前，中文文献在后。外文文献按照作者姓氏字母顺序排列，中文文献按照作者姓氏音序排列，同一作者多个文献按照发表时间次序排列。无须数字编号。

以下为文末参考文献具体示例：

1）专著

Weigle, S. C. 2002. *Assessing writing* [M]. Cambridge: Cambridge University Press.
刘润清，韩宝成 . 1991. 语言测试和它的方法 [M]. 北京：外语教学与研究出版社 .

2）期刊论文

Bachman, L. F. 2000. Modern language testing at the turn of the century: Assuring that what we count counts [J]. *Language Testing*, 17(1): 1–42.
林敦来，武尊民 . 2014. 国外语言评价素养研究的最新进展 [J]. 现代外语，(5): 711–720.

3）论文集论文

Messick, S. 1989. Validity [A]. In R. L. Linn (ed.). *Educational measurement* (3rd ed.) [C]. New York, NY: Macmillan: 13–103.

Lissitz, R. W. 2009. Introduction [A]. In R. W. Lissitz (ed.). *The concept of validity: Revisions, new directions and applications* [C]. Charlotte, NC: Information Age Publishing: 1–18.

高淼 . 2022. 构念界定方式 [A]// 罗凯洲，编 . 语言测试重点问题研究 [C]. 北京：外语教学与研究出版社：25–41.

4）报告

Mislevy, R. J., Almond, R. G. & Lukas, J. F. 2003. *A brief introduction to evidence-centered design* [R]. Princeton, NJ: ETS.

5）译著

安德森，等 . 2009. 布卢姆教育目标分类学修订版（完整版）：分类学视野下的学与教及其测评 [M]. 蒋小平，等译 . 北京：外语教学与研究出版社 .

6）网上文献

国务院 . 关于深化考试招生制度改革的实施意见 [EB/OL]. (2014-09-04) [2016-06-26]. http://www.moe.edu.cn/jyb_xxgk/moe_1777/moe_1778/201409/t20140904_174543.html.

7）学位论文

Xie, Q. 2010. *Test design and use, preparation, and performance: A structural equation modeling study of consequential validity* [D]. Hong Kong: The University of Hong Kong.

刁香月 . 2019. 基于 Coh-Metrix 的大学生英语作文语篇连贯性与写作质量的相关性研究 [D]. 北京 : 北京邮电大学 .

六、投稿方式及其他相关事宜

1. 投稿邮箱：请直接将稿件发送至电子邮箱 lta@zju.edu.cn。

2. 本刊不收取版面费、审稿费等任何费用。

3. 本刊参照国际期刊惯例，严格实行同行专家双向匿名审稿制度，采取初审、外审、复审、终审制度。稿件投出后 90 日内若未收到编辑部反馈，即可自行处理。

4. 稿件一经刊登，将赠送当期样刊两册。